Rudi Kost
Siedend heiß

Ein Hohenlohe-Krimi

Piper München Zürich

Mehr über unsere Autoren und Bücher:
www.piper.de

Von Rudi Kost liegen bei Piper im Taschenbuch vor:
Die Nadel im Heuhaufen
Siedend heiß

Originalausgabe
April 2009
© 2009 Piper Verlag GmbH, München
Umschlag: Büro Hamburg. Anja Grimm, Stefanie Levers
Bildredaktion: Büro Hamburg. Alke Bücking, Sandra Schmidtke
Umschlagfoto: Franz Trittner
Autorenfoto: Margit Kern
Satz: Filmsatz Schröter, München
Druck und Bindung: CPI – Clausen & Bosse, Leck
Printed in Germany   ISBN 978-3-492-25358-1

Stadtplan von Schwäbisch Hall

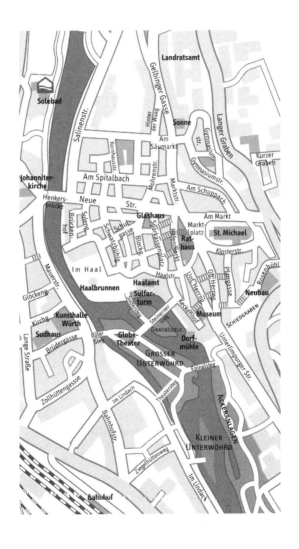

Pfingstfreitag

Ich fühlte mich grottenschlecht und hatte meine liebe Not, das zu verbergen.

»Du kennst sie also«, stellte Keller fest.

»Ja.«

»Eine Kundin?«

»Nein.«

»Aha.«

»Was soll das heißen: Aha?«

»Hätte ich mir denken können.«

»Was?«

»Schließlich kennst du jedes halbwegs ansehnliche Mädchen in Schwäbisch Hall.«

Ich sah keine Notwendigkeit, dem zu widersprechen. Hinter mir hörte ich Karin kichern. Miststück!

Ja, ich hatte Andrea gekannt. Sie war ein hübsches, lebenslustiges Mädchen gewesen, voller Energie und Tatendrang, für jeden Spaß zu haben.

Aber nun war sie tot.

Sie war neugierig gewesen auf das Leben. Vielleicht zu neugierig. Ich dachte daran, wie wir uns das letzte Mal gesehen hatten. Das letzte Mal! Das sagt man so leichthin, und plötzlich wird es wahr. Es war nur eine kurze Begegnung gewesen, ein paar Wochen zuvor. Wir müssen uns mal wieder treffen, hatte sie gesagt, es gibt viel zu erzählen. Was man eben so sagt. Gelacht hatte sie dabei.

Jetzt hatten wir uns getroffen. Aber es gab nichts mehr zu erzählen.

»Ich habe sie gekannt, ja«, räumte ich leise ein. Mir ging die Sache mehr an die Nieren, als ich zugeben wollte.

»Gut?«

»Ja.«

»Wie gut?«

»Was meinst du damit?«, fragte ich.

Ich wusste genau, was er meinte, schließlich kannte ich Keller schon seit etlichen Jahren. Aber ich wollte es vom Kommissar selber hören. Ich wollte hören, wie er sich wand, wie er herumstotterte und verlegen wurde.

Ich hätte es besser wissen müssen. Keller stotterte nie herum. Er nahm immer den direkten Weg.

»Warst du mit ihr in der Kiste oder nicht?«

So direkt hätte es auch nicht sein müssen. Ich war peinlich berührt. Schließlich befanden wir uns an einem Tatort und waren keineswegs allein. Ich bildete mir ein, dass die Leute, die hier herumwuselten und Spuren sicherten, in ihrer Arbeit innehielten und auf meine Antwort warteten.

»Der Gentleman genießt und schweigt«, erwiderte ich würdevoll.

»Gentleman, aha. Ich entdecke ganz neue Seiten an dir.«

»Mir ist nicht nach Scherzen zumute.«

»Also hast du«, konstatierte Keller.

»Was geht dich das an?«

»Die war doch bestimmt fünfzehn Jahre jünger als du. Viel zu jung für dich.«

»Andrea war dreiundzwanzig«, informierte ich ihn.

»Sag ich doch.«

Warum ritt er nur so darauf herum? Blanker Neid, was sonst. Er nervte.

»Manche Frauen wissen reife Männer zu schätzen«, erwiderte ich giftig. »Aber keine überreifen wie dich.«

Ich hatte gedacht, ich könnte ihn damit auf die Palme bringen. Es war aber genau umgekehrt. Ich saß oben und spielte mit den Kokosnüssen. Er grinste nur.

»Nun mal Klartext, Dillinger«, sagte Keller, wieder ganz ernst und ganz professionell. »Wie lange ging das mit euch? Bis wann? Wann hast du sie das letzte Mal gesehen? Was waren ihre Vorlieben? Und ich meine jetzt nicht Schokoladenkuchen oder so was. Komm, teile deine intimen Kenntnisse mit mir.«

Er ging mir gewaltig auf den Keks. Ich war müde, und mir ging es gar nicht gut. Andrea war nicht die erste Leiche, die ich sah. Aber die erste, mit der mich etwas Persönliches verband.

»Was, zum Henker, soll diese Fragerei?«

»Herrgott, Junge, du bist doch sonst nicht so schwer von Begriff. Ich muss mehr über sie wissen. Und zwar schnell. Spuren erkalten, das muss ich dir nicht sagen.«

Ich machte eine große Handbewegung.

»Hier gibt es jede Menge Leute, die Andrea gekannt haben. Gut gekannt sogar.«

»Die sind entweder besoffen oder schockiert. Oder beides.«

»Ich auch.«

»Du bist hart im Nehmen.«

Ich straffte meine Schultern und zog den Bauch ein.

»Also?«, drängte Keller.

»Was genau willst du wissen?«

»War das ihre Sache, eine schnelle Nummer hinterm Busch? Es soll ja die absonderlichsten Vorlieben geben.«

Ich räusperte mich.

»Keine Ahnung.«

»Was soll das heißen?«

»Verdammt noch mal!«, fuhr ich ihn an. Die Stunde der Wahrheit war gekommen. »Ich war nicht mit ihr im Bett, deshalb weiß ich es nicht.«

Ich wartete auf eine spitze Bemerkung von ihm, doch erstaunlicherweise hielt er sich zurück.

»So, so«, knurrte er nur.

Karin kicherte schon wieder. Die konnte was erleben!

Ich war mit Andrea ein paar Mal ausgegangen, doch es

hatte sich nichts Ernsthaftes entwickelt. Wahrscheinlich hatte das auch keiner von uns beiden erwartet. Wir hatten uns gut verstanden, es waren nette Abende, aber mehr nicht. Sie war wirklich zu jung für mich gewesen. Oder ich zu alt für sie. Zu alt für eine Beziehung. Und zu jung für einen väterlichen Freund.

»Hatte sie einen Lover?«, fragte Keller. Lover!

»Sie hatte einen Freund, als ich sie das letzte Mal traf«, erwiderte ich. »Das muss aber nicht der aktuelle Stand sein. Ist schon ein paar Wochen her.«

»Hat der Freund einen Namen?«

»Freddy«, antwortete ich.

»Nachname?«

»Weiß ich nicht.«

»Freddy! Wer heißt denn heutzutage noch Freddy! Und weiter?«

»Ich kann dir nichts über ihn sagen. Andrea und ich sind in einer Kneipe übereinander gestolpert, und sie hat mir kurz von ihm erzählt. Ich habe ihn gar nicht gesehen.«

Keller kaute auf seinem kalten Zigarillo und starrte grimmig auf Andrea Frobel hinab.

Die tote Frau war nackt, und sie war schön. Wenigstens vom Hals an abwärts. Das darüber sah nicht so appetitlich aus. Andrea Frobel war erwürgt worden. Mit ihrem roten Halstuch, das so etwas wie ihr Markenzeichen gewesen war. Ihre Kleider lagen seltsamerweise säuberlich gefaltet neben ihr. Es war die Tracht der Haller Sieder.

Ich hatte Andrea hinter einem Gebüsch auf dem Unterwöhrd gefunden. Die Polizei bemühte sich, so unauffällig zu agieren, wie es nur möglich war. Aber wenn die Spurensicherung anrückt, bleibt das nicht unbemerkt. Schon gar nicht nachts, wenn die Jungs ihre starken Lichter anwerfen.

»Du weißt, was diese Sache bedeutet«, meinte Keller.

Natürlich wusste ich das. Jeder, der hier herumstand, wusste es.

Es war der Freitag vor Pfingsten. Rings um uns rüstete sich die Stadt zu ihrem großen Fest.

Die Nacht war sommerlich warm, und die nächsten Tage versprachen Sonne und Hitze. Besser hätte der Auftakt zum Siedersfest nicht sein können.

Es war noch keine Stunde her, da hatte man hier auf dem Unterwöhrd gefeiert und getrunken und getanzt und gelacht, hatte alte Freunde wiedergesehen und neue gefunden, hatte einen Abend lang alles hinter sich gelassen und nur für den Augenblick gelebt.

Jetzt hatte die ausgelassene Stimmung einen gehörigen Dämpfer bekommen. Hinter den Absperrungen drängelten sich stumm die Menschen, die vorher noch so fröhlich beisammengesessen hatten. Die Band packte ihre Sachen zusammen. Noch wusste niemand, was da genau los war. Doch früh genug würde es sich herumsprechen.

Mit einigem Bangen dachte ich an die nächsten Tage.

Als Bürger von Schwäbisch Hall darf man das ja nicht laut sagen, aber nach Möglichkeit flüchte ich vor dem alljährlichen Fest der Salzsieder an Pfingsten. Zu viel Lärm, zu viel Trubel, zu viele Touristen.

Das Kuchen- und Brunnenfest, wie es offiziell heißt, ist sozusagen der Nationalfeiertag der einstigen Freien Reichsstadt Hall. Mit dem Salz ist sie groß und reich geworden, vom Salz hat sie ihren Namen, also huldigt sie dem Salz an einem langen Wochenende. Und den Touristen, die Heuschrecken gleich in die Stadt einfallen. Zur großen Freude der Hoteliers, Gastronomen und Imbissbuden.

In diesem Jahr jedoch war alles anders, die Flucht war mir verwehrt. Eine Freundin aus meinen Münchner Jahren hatte sich angesagt, die den Trubel unbedingt einmal mitmachen wollte. Also hatte ich mich in mein Schicksal gefügt.

»Dann kann ich ja gehen«, hatte Susan, meine Derzeitige, gesagt und ihr hübsches Stupsnäschen gerümpft. Aber nur ein klein wenig.

»Wieso denn? Du störst doch nicht.«

Auweh, Fettnäpfchen! Eigentlich hätte ich sagen müssen: Es stört uns doch nicht, wenn Karin kommt.

»Du glaubst doch nicht im Ernst, dass ich diesen Zirkus freiwillig mitmache?«, erwiderte sie, und ihrer Stimme war nicht eindeutig zu entnehmen, ob sie mit dem Zirkus die Sieder oder eher Karin meinte.

Damit war das Thema erledigt gewesen und Susan schon am Donnerstag froh gelaunt mit einer Freundin, die mir bis dahin unbekannt gewesen war, an den Gardasee gedüst. Weiberausflug, hatte sie gesagt.

Ich war irritiert. Man durfte von seiner Liebsten doch eine Eifersuchtsszene erwarten, wenigstens eine kleine, wenn sich eine andere Frau ansagte, zumal wenn diese Frau mal für einige Zeit der Mittelpunkt meines Lebens gewesen war. Hatte Susan so viel Vertrauen zu mir? Oder war's ihr schlichtweg egal?

Und überhaupt: Weiberausflug! Was sollte ich darunter verstehen? Meine Phantasie schlug Purzelbäume. Ging es da so zu wie bei einem Männerausflug? Die Vorstellung wollte mir nicht so recht behagen.

Aber ich hatte keine Zeit, länger darüber zu grübeln. Ich hatte drängendere Probleme. Ich stand vor meinem Kleiderschrank und wusste nicht, was ich anziehen sollte.

Ein bisschen aufgeregt war ich nämlich schon. Nach dem Ende unserer Beziehung hatten wir nur noch flüchtigen Kontakt miteinander gehabt, mal ein kurzer Anruf, später gelegentlich eine Mail. Das war alles schon lange her, und mittlerweile war viel passiert in unser beider Leben. Warum besuchte sie mich auf einmal? War sie wirklich nur an dem Fest interessiert?

Ich entschied mich für eine hellblaue Baumwolljeans,

dazu ein eng anliegendes gelbes Poloshirt von Ralph Lauren und leichte Slipper von Ferragamo.

Prüfend drehte ich mich vor dem Spiegel. Ob ich damit Eindruck machen konnte? Schon, wenn ich den Bauch etwas einzog. Ich war zufrieden mit mir. Die Jeans brachte meinen knackigen Hintern gut zur Geltung.

Karin, stellte sich heraus, war mindestens so attraktiv wie damals und noch genauso temperamentvoll und unverblümt. Sie klagte über ein brachliegendes Liebesleben und äußerte die Befürchtung, als alte Jungfer zu enden, wenn das weiterginge wie bisher. Warum schaute sie mich dabei so seltsam an? Und plötzlich fiel mir ein, dass sie sich im Vorfeld überhaupt nicht nach meinen Lebens- und Liebesumständen erkundigt hatte.

Ich hatte den leisen Verdacht, dass mich die nächsten Tage auf eine harte Probe stellen würden.

Denn da war auch noch Olga, meine Tante Olga aus Stuttgart, die es sich in den Kopf gesetzt hatte, mich ausgerechnet in diesem Jahr zum Siedersfest heimzusuchen, und sich das auch nicht ausreden ließ.

Sie war die Cousine meiner Großmutter väterlicherseits oder die Großnichte meines Urgroßvaters oder etwas in der Art – verwandt eben. Ich hatte das mit den Verwandtschaftsverhältnissen nie auf die Reihe gekriegt, und es hatte mich auch nicht sonderlich interessiert. Mein Stammbaum war mir schnuppe. Tante Olga war einfach da, und sie nannte mich ihren Lieblingsenkel, wenn ich das auch definitiv nicht war.

Wie ich Tante Olga und Karin unter einen Hut bringen sollte, war mir noch nicht recht klar. Wahrscheinlich war Susan deshalb nicht so richtig sauer gewesen. Sie hatte Tante Olga wohl als eine Art Anstandswauwau gesehen.

Karin war am Freitagnachmittag angekommen. Ich hatte sie im »Goldenen Adler« einquartiert. Nicht aus Schicklichkeit. Tante Olga hatte auf meinem Gästezimmer bestanden.

»Ich werde doch nicht mein Geld für ein Hotelzimmer verschwenden, wenn ich bei dir umsonst wohnen kann«, hatte sie empört gesagt, als ich ihr die Haller Hotellerie schmackhaft zu machen versuchte.

Dabei hätte Tante Olga sich das durchaus leisten können, sie war nicht auf eine kärgliche Witwenrente angewiesen. Ihr längst verstorbener Mann war ein echter schwäbischer Tüftler gewesen und hatte ein kleines Vermögen gemacht, das sie eisern zusammenhielt. Zum Beispiel, indem sie bei mir wohnte.

Also war für Karin nur das Hotel geblieben. Für sie hatte das durchaus Vorteile. Das Hotel am Marktplatz war der beste Logenplatz für die meisten Ereignisse der nächsten Tage. Eigentlich war das Erkerzimmer im zweiten Stock bereits vergeben gewesen, aber mit dem Mädchen an der Rezeption hatte ich mal einen Abend verbracht und offensichtlich keinen schlechten Eindruck hinterlassen.

Jedenfalls wurde der Zimmertausch still und unbürokratisch vorgenommen, wenn auch nicht ohne kleine Bestechung. Heide presste mir ein Abendessen ab. Natürlich brüstete ich mich vor Karin mit meinen heldenhaften Bemühungen, ihr dieses einzigartige Zimmer beschafft zu haben.

»Man hat ja so seine Beziehungen in der Stadt. Und das Zimmer hat direkten Blick auf den schönsten Marktplatz Deutschlands«, betonte ich. Nur damit sie das auch richtig zu würdigen wusste.

Doch Karin ließ sich nicht täuschen. »Du plusterst dich noch genauso auf wie früher. Wenn ich mir die Maus an der Rezeption anschaue, kann ich mir die Art deiner Beziehungen vorstellen.«

Ich tat beleidigt, war aber nicht ernstlich böse, dass ich

entlarvt worden war. Diese Frau kannte mich einfach zu gut. Das könnte vielleicht noch zum Problem werden.

Seit zwei Wochen hatten wir hochsommerliches Wetter und begannen allmählich zu stöhnen. Gestern waren zweiunddreißig Grad gemessen worden, und am Wochenende sollte es noch heißer werden. Der Himmel strahlte azurblau. Wir waren wieder einmal auf dem besten Weg zu einem Jahrhundertsommer. Der wievielte war das jetzt eigentlich schon in diesem noch jungen Jahrhundert?

Die Gazetten schrieben besorgt, es sei für die Jahreszeit »zu warm«. Früher hätten wir mit den Schultern gezuckt, noch ein bisschen mehr gestöhnt und uns gegenseitig bestätigt, dass das Wetter verrückt spiele. Wieder einmal. Wie eigentlich immer. »Normales« Wetter gab es ja ohnehin nur in der Statistik. Seit die Klimakatastrophe erfunden worden war, zogen wir angstvoll die Köpfe ein und übten uns im kollektiven Schuldbewusstsein.

Der Plan war eigentlich gewesen, eine kleine Spritztour durch die Dörfer zu unternehmen, damit die feinstaubgeplagte Großstädterin mal die gute Hohenloher Landluft schnuppern konnte.

Gern hätte ich Karin einige unserer idyllischen Schätze gezeigt, das Langenburger Schloss vielleicht, das auf einer Bergnase über der Jagst hockte. Oder Vellberg mit seinen trutzigen Wehranlagen und den gepflegten Fachwerkhäusern. Oder Waldenburg, das hinab ins weite Kochertal schaute. Das quirlige Künzelsau, die kleinste Kreisstadt im Land. Doch bei diesen katastrophalen Temperaturen war daran nicht zu denken. Ein andermal vielleicht.

Das Ersatzprogramm war nicht minder schweißtreibend. Karin bestand auf einer Stadtführung. Jetzt gleich. Mir stand der Sinn eher nach einem gemütlichen Plausch in einem schattigen Café.

»Das willst du dir nicht wirklich antun«, warnte ich.

»Und wieso nicht?«

»Es ist viel zu heiß.«
Karin wischte den Einwand beiseite. »Ich liebe Hitze.«
»Schwäbisch Hall ist eine kleine Stadt.«
»Ich liebe kleine Städte.«
»In dieser kleinen Stadt ist es sehr eng.«
»Das meinst du jetzt nur geografisch, oder?«
»Weil es so eng ist, geht es immer steil den Berg hinauf.«
»Ich bin fit.«
»Du wirst fürchterlich schwitzen.«
»Was ist dein Problem? Du genierst dich, mit mir durch diese kleine, enge Stadt zu laufen, stimmt's?«

Absolut nicht. Mit Karin an seiner Seite legte man keine Schande ein, im Gegenteil, man zog alle Blicke auf sich: groß, schlank, attraktiv, mit hellblondem Haar, das sich in weichen Wellen auf ihre Schultern legte. Dabei war sie überaus elegant angezogen: Der schwingende sandfarbene Seidenrock zeigte viel hübsches Bein, ihr Tanktop umschmeichelte ihren Busen wie eine zweite Haut.

Ich versuchte mich zu erinnern, wie Karin früher gewesen war. Die Eckigkeit der Jugend hatte sich abgeschliffen, was ihr gut stand. Sie war lange nicht mehr so hibbelig, hatte ansonsten aber nichts von ihrem Temperament verloren. Sie erschien mir – ja, reifer als seinerzeit. Ob man das von mir auch sagen konnte?

Sie war exakt so alt wie ich, also siebenunddreißig, und strahlte eine warme Sinnlichkeit aus. Ihre sanfte Stimme war wie ein hoffnungsfroher Frühlingshauch – na, das war vielleicht nicht der passende Vergleich bei gefühlten vierzig Grad.

Wenn Karin sich etwas in den Kopf gesetzt hatte, gab es kein Erbarmen, daran hatte sich nichts geändert. Also machten wir die Runde durch die Stadt, und ich sparte nicht mit den notwendigen Erklärungen.

Ich haderte mit dem Schicksal namens Karin, das mein Programm durcheinandergebracht hatte und mich dieser mörderischen Hitze aussetzte. Warum konnten wir uns nicht einfach irgendwo hinsetzen und uns erst einmal in aller Ruhe beschnuppern, wie es nach dieser langen Zeit angemessen gewesen wäre?

Zur Strafe jagte ich sie über ein paar mehr Treppen, als unbedingt nötig gewesen wären, und davon gibt es in unserer Stadt reichlich. Ich war gespannt zu sehen, wer von uns beiden besser in Form war. Ich wenigstens war die steilen Anstiege gewohnt und joggte regelmäßig.

Mein leichter Unmut verflog rasch. Es gab nichts zu beschnuppern. Die alte Vertrautheit stellte sich schnell wieder ein. Überraschend schnell. Mir wurde etwas mulmig.

Natürlich war Karin hellauf begeistert von Schwäbisch Hall, wie jeder, der in die alte Reichsstadt kommt. Sie bewunderte die Fachwerkhäuser und die engen Gassen und stöckelte klaglos, wenn auch etwas mühsam die steilen Treppen hinauf und hinab. Ich schaute auf ihre Schuhe. Es gehörte eine ordentliche Portion Masochismus dazu, mit diesen Dingern laufen zu wollen. Aber ich sagte nichts.

Im Sommer zeigt sich Schwäbisch Hall von seiner schönsten Seite. Überall grünt und blüht es, auf den Plätzen, vor den Fenstern, in den Hinterhöfen – mediterranes Flair in Hohenlohe. Das Leben hatte sich nach draußen verlagert, die Straßencafés waren voll besetzt. Es schien, als würden die Menschen ein wenig länger verweilen als sonst, sofern sie überhaupt einen Platz im kostbaren Schatten ergattert hatten.

Wir schlenderten durch die Fußgängerzone, und Karin ließ sich im Bauernlädle zu einem großen Stück Schinken vom Schwäbisch-Hällischen Landschwein überreden, einer Rasse, die schon fast ausgestorben war und sich nun unter Feinschmeckern eines exzellenten Rufes erfreut. Damit Karins Freunde in München mal was Anständiges zu essen bekamen.

»Wellet Se a Gugg?«, fragte die Verkäuferin.

Karin schaute sie so ratlos an, als hätte sie chinesisch gesprochen. Dabei war's nur Schwäbisch, was doch eigentlich jeder versteht.

»Eine Tüte«, übersetzte ich.

Karin war beeindruckt von der Vielfalt regionaler Köstlichkeiten, von der selbst gemachten Marmelade bis zum selbst gebrannten Schnaps, bemängelte jedoch in einer kühnen gedanklichen Volte das Schuhangebot in der Stadt. Das hatte ich schon des Öfteren gehört. Ich schaute genauer auf ihre Füße. Nein, das bekam man hier in der Tat nicht, soweit ich das beurteilen konnte. Brauchte man auch nicht in unseren Kopfsteinpflastergassen. Ich behielt meine Gedanken für mich. So viel hatte ich gelernt in meinem Leben als Mann.

Andauernd wurde ich gegrüßt und machte die Honneurs. Die Frauen nickten mir zu, die meisten Männer blieben stehen und tauschten ein paar Höflichkeitsfloskeln, den Blick auf Karin gerichtet.

»Du kennst eine Menge Leute«, staunte Karin.

»Bleibt nicht aus. Ist eben eine kleine Stadt, wie ich schon sagte.«

»Und eng und steil, wie ich jetzt weiß.«

»In einer kleinen Stadt begegnet man sich zwangsläufig ständig.«

»Das hat etwas Heimeliges an sich. Wie eine große Familie. Jeder kennt jeden.«

»Viele sind auch meine Kunden. Siehst du den Mann dort drüben mit einem Bauch wie im neunten Monat? Französischlehrer. Lebensversicherung, Autoversicherung, Haftpflicht, Hausrat. Das Übliche eben.«

Ein hagerer jüngerer Mann mit glatt rasiertem Schädel kam uns entgegen. Er hatte ausnahmsweise keine Augen für Karin, sondern nickte nur kurz im Vorübergehen und eilte weiter.

»Schwer beschäftigt. Hat eine kleine Softwarefirma, die gut im Geschäft ist. Elektronik, Haftpflicht, Diskriminierung.«

»Diskriminierung?«

»Noch nichts vom Allgemeinen Gleichbehandlungsgesetz gehört?«

»Natürlich. Es soll vor Benachteiligung aufgrund von Alter, Geschlecht, Rasse und dergleichen schützen.«

»Richtig. Und nun suchst du zum Beispiel einen jungen, dynamischen Programmierer, was bei einem jungen, dynamischen Softwareunternehmen eigentlich naheliegt.«

»Und dann kann dir ein älterer, nicht so dynamischer Bewerber ganz schön Schwierigkeiten machen, wenn er will. Ich weiß. Du sprichst schließlich mit einer Juristin.«

»Dagegen gibt es eine sogenannte Haftpflichtversicherung für Ansprüche aus Diskriminierungstatbeständen.«

»Gibt es eigentlich etwas, gegen das es keine Versicherung gibt?«

»Die Liebe.«

Schnaufend und schwitzend standen wir oben vor dem Neubau, dem höchsten Punkt der Innenstadt. Trotz seines Namens stammte der Neubau aus dem 16. Jahrhundert und hatte einst als Getreidespeicher und Waffenkammer gedient.

»Ich habe dich gewarnt«, sagte ich.

»Wovor?«

»In Hall geht's steil hinauf.«

»Ich habe damit kein Problem. Du etwa?«

Sie schwitzte lange nicht so stark wie ich. Das beunruhigte mich beinahe.

Wir schauten auf die Stadt hinunter, die sich in das enge Kochertal schmiegte, ein verwinkeltes, vielfältiges, in sich geschlossenes Bild, das von den paar Bausünden der Neuzeit kaum gestört wurde.

»Es ist so friedlich hier«, stellte Karin seufzend fest. Zu der Zeit wussten wir noch nicht, was uns bevorstand.

Eine träge, eine trügerische Ruhe lag über der Stadt. Es war nicht die Ruhe der Gelassenheit, sondern der Ermattung. Anfangs war es nur heiß gewesen und immer heißer geworden. Das ließ sich aushalten. Schwitzte man eben. Nun war die Schwüle hinzugekommen. Von Tag zu Tag wurde die Luft feuchter, die Stadt begann allmählich zu kochen, die Menschen wurden zunehmend gereizter. Selbst in die schmalsten Gassen, die sonst nie einen Sonnenstrahl abbekamen und die deshalb immer kühl blieben, schwappte die heiße, feuchte Luft wie unsichtbarer Nebel.

Jeder wusste, dass sich die Spannung in einem gewaltigen Gewitter entladen musste. Die meisten sehnten es geradezu herbei. Nur die Sieder schickten Stoßgebete zum Himmel, dass er wenigstens bis Montagabend ein Einsehen habe. Bis ihr Fest vorbei war.

Wir gingen durch die Obere Herrngasse, vorbei an dem Haus, in dem einst Eduard Mörike gewohnt hatte, schraubten uns eine weitere enge Gasse hoch und fanden uns vor dem Portal der Kirche St. Michael wieder. Steil ging es die Stufen der Freitreppe hinab zum Marktplatz. Stufen, die die Welt bedeuteten bei den jährlichen Freilichtspielen.

Und Karin stellte die unausweichliche Frage, die jedem Besucher in den Sinn kommt: »Wie viele Stufen hat die Treppe eigentlich?«

»Zähl sie doch!«

»Wozu soll ich mir diese Mühe machen, wenn ich einen Einheimischen an meiner Seite habe?«

Ich seufzte. »Ich hatte gehofft, dass mir das erspart bleibt. Das ist nämlich eine alte Streitfrage. Die Angaben schwanken zwischen dreiundfünfzig und vierundfünfzig Stufen.«

»Kann man in Schwäbisch Hall nicht zählen?«

»Es kommt darauf an, wie man zählt und wie man die

Treppe benennt. Wir stehen hier auf der Plattform von St. Michael. Puristen sagen, dass die nicht mehr zur Treppe gehört und dass demzufolge die Treppe ›vor‹ St. Michael dreiundfünfzig Stufen hat. Zählt man sie mit, sind es vierundfünfzig.«

»Und darüber macht man sich in dieser Stadt Gedanken?«

»Tiefschürfende.«

»Wenn ihr sonst keine Sorgen habt! Also dann hinab, egal, wie viele Stufen es nun sind.«

Von unten sieht die Treppe harmlos aus, von oben einigermaßen beängstigend. Erst aus dieser Warte merkt man, wie steil sie wirklich ist. Und was die Schauspieler leisten, die auf ihr herumturnen. Mit ihren Stilettos hatte Karin einige Mühe. Jetzt konnte ich mich nicht mehr zurückhalten.

»Du hast doch hoffentlich auch vernünftige Schuhe dabei?«

»Du spielst mit deinem Leben! Diskutiere mit einer Frau nie über ihre Schuhe!«

»Das sollen Schuhe sein?«

»Lass das mal nicht Jimmy Choo hören!«

»Wer ist das? Dein Freund?«

»Du Banause!«

»Hohe Absätze sind nichts für eine Stadt wie Schwäbisch Hall mit ihrem Kopfsteinpflaster.«

»Da sieht man mal wieder, dass du nichts von Frauen verstehst.«

»Ich verstehe nichts von Frauenschuhen.«

»Das ist dasselbe. Hilf mir lieber!«

Sie hängte sich bei mir ein, und würdevoll kraxelten wir die Stufen hinab, wie ein Brautpaar, das aus der Kirche kam. Aus einem Topf vor dem Stadtarchiv klaute ich eine Blume und steckte sie Karin ins Haar. Der Brautstrauß sozusagen.

Vor dem »Alten Schlachthaus« machte ich Karin auf einen älteren Herrn aufmerksam, der an einem Tisch einsam über seinem Kaffee brütete. Kurz geschorenes graues Haar, ein Vollbart in gleicher Länge und Farbe, große Brille und leicht abstehende Ohren. Vor sich hatte er ein Notizbuch liegen.

Er belegte ganz allein einen schattigen Tisch. Ich überlegte, ob wir uns dazusetzen sollten. Er war ein kauziger und mitunter amüsanter Kerl, der viel über die Stadt erzählen konnte. Doch dann sah ich seinen Gesichtsausdruck. Er schaute verträumt in eine andere Welt und war nicht ansprechbar.

»Unser Lokalpoet«, flüsterte ich Karin zu. »Hochgeachtet. Macht Lyrik, die keiner versteht. Wahrscheinlich dichtet er gerade über die Sieder.«

Als wir vorübergingen, hörte ich ihn murmeln: »Despotisch, farblos, schwer reckt sich der Himmel weit / wie wenn ein müßiger König Todesqual verhängt.«

Wir kamen zum Haalplatz. Normalerweise ist das ein frequentierter Parkplatz, aber an diesem Wochenende hatte man einen Rummel aufgebaut.

Ich war ganz eifriger Fremdenführer und sagte mit einer allumfassenden Handbewegung: »Die Quelle von Halls Ruhm und Reichtum. Hier wurde die Sole geschöpft und zu Salz gesotten.«

»Wie muss man sich das vorstellen?«

»Rings um den Platz standen die Haalhäuser, in denen die Sole so lange erhitzt wurde, bis das Salz ausfiel. Die Häuser waren von riesigen Holzlegen umgeben. Die Jungs haben ganz schön einheizen müssen.«

»Und wo kommt die Sole her?«

»Du stehst direkt davor.«

Das einzige Andenken an die alten Zeiten war der nicht sonderlich schöne achteckige Haalbrunnen, in den man die einstige Quelle gefasst hatte.

Karin schaute hinein: »Man sieht ja gar nichts.«

»Zugemauert. Sonst würde es hier bald aussehen wie im Trevi-Brunnen. Jeder wirft seinen Dreck hinein.«

»Schade. Ich hätte gerne mal richtige Sole gesehen.«

»Dann musst du drüben ins Solebad gehen, dort kannst du in der original Haller Sole planschen. Soll gut sein für die Abwehrkräfte und das Nervenkostüm«, sagte ich. Und fügte hinzu: »Die haben übrigens auch eine schöne Sauna.«

»Sauna! Ich schwitze eh schon genug!«

Ich ließ meinen Blick langsam von ihrem Blondschopf bis zu ihren hübschen Beinen gleiten. So langsam, dass es ihr nicht entgehen konnte. Und grinste.

»Ich wollte eigentlich nur sehen, wie du dich gehalten hast.«

»Warum brauchst du dazu eine Sauna?«, erwiderte sie kokett.

In Karins Augen sah ich ein Glitzern. Kleine Blitze aus einer anderen, einer vergangenen Zeit.

Mir war plötzlich noch heißer. Und daran war nicht die Sonne schuld. Ich hatte es ja geahnt: Mir stand eine anstrengende Zeit bevor.

Ich lotste sie schnell ins »Simonetti«, Eiskaffeepause. Netterweise stand gerade ein Pärchen auf, als wir ankamen. Ich legte einen kurzen Sprint hin und überholte mühelos ein Zweizentnerweib, das auf den freien Tisch zuwatschelte. Die Dame guckte neidisch auf Karin und beleidigt auf mich. Ich hatte die entsetzliche Vision, dass sie sich aus purer Rachsucht auf meinen Schoß setzen könnte. Doch der Schrecken ging vorbei.

Erschöpft saß ich da, aber auch zufrieden. Mir war etwas bange gewesen vor dem Wiedersehen nach so langer Zeit. Doch wir gingen so leicht miteinander um, als hätte es nie das schmerzhafte Ende einer Beziehung gegeben. Karin schien es ähnlich zu gehen. Und dennoch hatten wir in den paar Stunden, die wir bisher zusammen waren, alles allzu Persönliche vermieden.

Über die Sahnehauben hinweg taxierten wir uns gegenseitig. Es gab Klärungsbedarf, das spürten wir beide. Aber keiner wusste so recht, wie anfangen.

Es war Karin, die das Schweigen brach. »Bist du schon lange mit Susan zusammen?«

»Ein paar Wochen.«

»Ist es was Ernstes?«

Es klang wie beiläufig. Rein freundschaftliches Interesse ohne Hintergedanken? Oder ein Ausloten der Lage?

Es wäre ganz einfach gewesen. Ein Ja oder ein Nein hätte genügt.

Aber Dillinger, der feige Hund, drückte sich. Wollte alles offenlassen. Auf mehreren Hochzeiten tanzen. Sich nicht festlegen. Alle Eisen im Feuer behalten.

Mist, ich merkte das selber und sagte trotzdem vage: »Das versuchen wir noch herauszufinden.« Das war nicht mal gelogen. Aber nichts war geklärt. »Und du?«

Sie zuckte mit den Schultern. »Der eine geht, der andere kommt. Und manchmal kommt lange keiner.«

»Kann ich mir nur schwer vorstellen, bei einer Frau wie dir.«

»Mit der Zeit wird man etwas anspruchsvoller«, seufzte sie. »Vor allem, wenn man diesen Grundsatz zwischendurch aus lauter Verzweiflung mal wieder vergisst.«

Wir zogen noch eine Weile schwitzend durch die Stadt, dann war es Zeit, Tante Olga vom Bahnhof abzuholen. Sie hätte ja auch ein Taxi nehmen können, aber das war ihr natürlich zu teuer.

Ein Traktor mit Anhänger, der altersschwach durch die Stadt tuckerte, bremste mich aus. Tante Olga wartete schon vor dem Bahnhof in Hessental. Wer konnte auch damit rechnen, dass ein Zug einmal pünktlich ankam.

»Herrschaft aber auch! Wie kannscht du bloß eine alte Frau so lang in dere Hitz warte lasse«, schimpfte Tante Olga in ihrem besten Honoratiorenschwäbisch. Ich schaute auf die Bahnhofsuhr. Gerade mal zwei Minuten zu spät.

Tante Olgas Sommerkostüm musste etwa so alt sein wie ich. Als sparsame Schwäbin trug sie ihre Sachen auf, bis sie auseinanderfielen. Auf ihrem schlohweißen Haar saß ein kecker Strohhut. Die Sonnengläser ihrer Brille hatte sie hochgeklappt.

Tantchen wirkte zart, zerbrechlich und liebenswürdig. Der Eindruck täuschte. Tantchen war achtundsiebzig, hatte eine offenbar nie ermüdende Energie und Haare auf den Zähnen. Ziemlich viele Haare. Sie war es gewohnt, ihren Willen durchzusetzen, da war sie nicht anders als Karin.

»Und wie siehst du überhaupt aus? Wie ein Papagei! Hättest dir ruhig was Anständiges anziehen können, wenn ich dich schon einmal besuche. Können wir jetzt endlich gehen?«

Ungeduldig stieß sie mit ihrem Stockschirm auf den Boden.

Ich machte die Damen miteinander bekannt. Tantchen musterte Karin eingehend. Ihr Blick blieb auf Karins Oberteil hängen.

»Ist das deine neue Freundin?«, fragte Tante Olga.

»Nein, Tantchen, nur eine alte Bekannte.«

»So?«, meinte Tantchen spitz. »Dafür zeigt sie aber viel Busen.«

Ich verdrehte die Augen, Karin lachte.

»Wird auch Zeit, dass du heiratest.«

»Diesen Ausrutscher habe ich hinter mir.«

»Dann probierst du es eben noch einmal mit einer Frau, die besser zu dir passt. Ihr jungen Leut habt ja offenbar kein Problem damit, andauernd zu heiraten. Von wegen Bund fürs Leben!«

Mit verkniffener Miene schaute sie immer noch Karin an. Karin setzte ihr gewinnendstes Lächeln auf. Ein bisschen davon schenkte sie auch mir. Mir kribbelte es im Bauch. Tante Olgas Augen wanderten zwischen Karin und mir hin und her. Plötzlich strahlte sie.

»Dieter, die könnte was sein für dich.«

»Tantchen, wir sind nur Freunde!«

»Papperlapapp! Ich bin doch nicht von gestern. Ich hab Augen im Kopf.«

Ich machte mich auf das Schlimmste gefasst. Tante Olga nahm kein Blatt vor den Mund, das hatte ich fast vergessen.

»Die ist spitz wie Nachbars Lumpi«, flüsterte sie mir vernehmlich zu.

Karin prustete los, was Tante Olga nicht im Mindesten beeindruckte.

Ich bugsierte sie ins Auto. Für Karin wurde es etwas eng auf dem Rücksitz. Tante Olga drehte sich zu ihr hin, so gut es ging.

»Dieses Auto müssen Sie ihm als Erstes ausreden. Das ist viel zu teuer. Außerdem fahren nur impotente alte Männer einen Porsche. Er ist doch nicht impotent, oder?«

»Tante Olga!«, ermahnte ich sie.

»Hätte ja sein können. Das soll auch bei jungen Männern vorkommen, habe ich gehört.«

»Außerdem, liebe Tante, auch Frauen fahren Porsche. Zum Beispiel Gaby Hauptmann.«

»So?« Das brachte Tante Olgas Weltbild etwas durcheinander. Aber nur kurzzeitig. »Und überhaupt kann man diese Sardinenbüchse nicht als Auto bezeichnen.«

Ich muss mich nicht rechtfertigen dafür, dass ich einen zitronengelben Porsche fahre, nein, überhaupt nicht. Ich liebe dieses Auto, und ich schmelze jedes Mal dahin, wenn es mich mit seinen großen runden Augen treuherzig anschaut. So viel Seele kann keine Frau in ihren Blick legen.

Tante Olga gab noch keine Ruhe.

»Tut es nicht auch ein bescheidenerer Wagen? Ein Daimler vielleicht? Du musst ja nicht jedem zeigen, wie viel du verdienst.«

Ja klar, ein richtiger Schwabe zieht Schonbezüge über seine Ledersitze, sonst könnte man auf den Gedanken kommen, er sei verschwendungssüchtig. Außerdem schont es das Leder. Aber wir waren hier ja nicht in Schwaben, sondern in Hohenlohe, »Schwäbisch« Hall zum Trotz.

»Wissen Sie, junge Frau, unser Dieter geht viel zu locker mit seinem Geld um. Er braucht eine Frau, die ihr Sach' zusammenhält, wenn er mal mein Vermögen erbt.«

Ja, damit hatte sie schon öfter gedroht. Ich sollte ihr Alleinerbe werden, allerdings war daran eine Bedingung geknüpft: Ich musste bei ihrem Tod verheiratet sein. Ich hatte noch nicht entschieden, ob das Erbe diesen Preis wert war, zumal ich keine Ahnung hatte, wie viel es überhaupt war. Ich hatte mich noch nicht getraut, danach zu fragen, und ehrlich gesagt interessierte es mich auch nicht sonderlich.

Karin hatte solche Hemmungen nicht.

»Wie viel erbt er denn mal, unser Dieter?«, fragte sie.

»Dieter, pass auf!«, rief Tante Olga. »Die Frau ist nur hinter deinem Geld her!«

»Nein, Tantchen«, sagte ich entnervt, »Karin ist weder hinter mir noch hinter meinem Geld her. Und hinter deinem schon gar nicht.«

Etwas an ihrem Ton machte mich stutzig. Ich schaute zu ihr hinüber, und in der Tat bemerkte ich ein spitzbübisches Lächeln. Ich war ihr auf den Leim gegangen.

Tante Olga versuchte, sich erneut nach Karin umzudrehen, was in den Sitzen meines Porsches etwas mühselig war.

»Sie gefallen mir. Sie sind direkt. Ich glaube, Sie sind die Richtige für ihn, Katrin.«

»Karin«, verbesserte ich.

»Weiß ich doch. Oder glaubst du, ich bin nicht mehr richtig im Oberstübchen? Aber Katrin passt besser zu ihr.«

Himmel, hilf, was stand mir in den nächsten drei Tagen bevor!

Kaum hatten wir meine Wohnung in der Gelbinger Gasse betreten, monierte Tante Olga eine himmelschreiende Unordnung. Ihr zuliebe hätte ich wenigstens aufräumen können, meinte sie. Hatte ich auch. Ich fand schon nichts mehr. Unsere Ansichten über Ordnung gingen etwas auseinander. Generationenkonflikt.

Tante Olga trippelte durch die Zimmer und nahm sie mit Argusaugen unter die Lupe.

»Hast du keine Putzfrau?«

»Doch.«

»Dann musst du dir eine andere suchen. Hier ist ja alles voller Staub. Bestimmt eine aus dem Osten, oder?«

»Aus Polen«, musste ich zugeben. »Und ich bin zufrieden mit Krystyna.«

»So?« Sie marschierte in die Küche. »Und warum sieht es dann hier so aus?«

»Das ist ein Arbeitsplatz, Tante! Ich habe unser Essen vorbereitet.«

»Na, und? Wo sind deine Putzsachen?«

»Du wirst doch jetzt nicht putzen wollen?«

»Natürlich!«

»Untersteh dich!«

»Warum denn nicht? Hier sieht's ja aus wie bei Hempels hinterm Sofa!«

»Die Küche ist mein Reich, basta! Komm, setz dich mit Karin ins Wohnzimmer.«

Widerwillig ging sie mit. Und fand gleich wieder etwas, an dem sie herummeckern konnte.

»Allmächtiger! Wie sehen denn die Blumen aus! Halb

vertrocknet!« Tante Olga schüttelte entsetzt den Kopf. »Hier fehlt eine richtige schwäbische Hausfrau!«

»Dann wird es aber nichts mit Karin und mir. Karin kommt aus München.«

Jetzt war Tante Olga im Zwiespalt. Sie umging ihn pragmatisch: »Wann gibt es Essen?«, fragte sie.

Wenigstens an diesem Abend wollte ich vor den Damen mit meinen Kochkünsten glänzen, an den nächsten Tagen war dafür keine Zeit. Doch ich hatte keine Lust, stundenlang am Herd zu schwitzen, es war schon heiß genug. Deshalb gab es Fast Food: schnelles Essen eben.

Das Ansinnen der beiden Frauen, mir in der Küche helfen zu wollen, lehnte ich entschieden ab.

»Ich könnte Spätzle machen«, bot sich Tante Olga an. »Und Kartoffelsalat.«

Das hätte mir gerade noch gefehlt! Nein, das war meine Show heute. Ich schob die Damen ins Wohnzimmer und stellte ihnen den Wein hin. Ich wollte sie nicht überfordern und hatte einen erdigen Silvaner vom Würzburger Stein geöffnet. War ja auch nichts Schlechtes.

Dann briet ich drei gut abgehangene Filetsteaks an, erst kurz und ganz scharf, dann sanft, und bastelte dazu meine legendäre Pastis-Sauce. Der Spargel lag schon geschält bereit. Ich karamellisierte ihn in Butter und Zucker und goss nur wenig Wasser an. So köchelte er sachte in seinem eigenen Saft.

Die Damen schienen sich prächtig zu amüsieren. Ich hörte Gekicher und Gelächter. Wahrscheinlich redeten sie über mich. Großes Hallo, als sie das Du begossen und sich doch auf Karin, nicht Katrin einigten. Ich schwitzte derweil am Herd.

Während das Fleisch ruhte, bereitete ich als Vorspeise Avocado-Carpaccio zu, bestreute die Scheiben mit frischem Thymian und gewürfeltem Ziegenhartkäse und gab noch einen Löffel bestes Olivenöl darüber. Die Creme fürs

Dessert, mit Mascarpone und Pedro Ximénez, stand schon im Kühlschrank.

Zur Vorspeise sagte Tante Olga: »Ich habe Karin erzählt, dass du früher ein richtiger Suppenkasper gewesen bist. Nur Spätzle mit Soß wolltest du.«

Das hatte ich anders in Erinnerung. Mein kulinarischer Entdeckerdrang hatte mich schon in zartem Alter auch zu Pommes mit Ketchup und Schupfnudeln mit Speck geführt.

»Ein bisschen hat er dazugelernt«, meinte Karin. »Die Avocado ist wirklich schön dünn geschnitten.«

Zur Hauptspeise sagte Tante Olga: »Früher war der Dieter ja so schüchtern.«

»Das kann ich bestätigen«, erwiderte Karin und lächelte mich zuckersüß an.

»Ich erinnere mich noch an eine Familienfeier«, fuhr Tante Olga fort, »da hat er sich unsterblich in seine Cousine dritten Grades verliebt und sich nicht getraut, es ihr zu sagen.«

Ja. Da war ich zwölf und das Mädchen sechzehn. Und außerdem waren wir ja irgendwie verwandt.

»Der Dieter war ein Spätentwickler«, erzählte Tante Olga. »Seine erste feste Freundin hatte er mit siebzehn! Ach Gottchen, das war ja so rührend unschuldig!«

Ich flüchtete mit den schmutzigen Tellern in die Küche und bereitete den Käse vor.

Am Geifertshofener Käsestand auf dem Wochenmarkt hatte ich einen kräftigen Chèvre Noir aus der Eifel erstanden, schon so alt, dass er auf der Zunge zerging wie ein Stück Schokolade. Weil man in Schwäbisch Hall vieles, aber nicht alles bekommt, hatte ich einen Ausflug in die große, weite Welt unternommen, war nach Stuttgart gefahren und hatte mich in der Markthalle bei Alain mit weiterem Ziegenkäse eingedeckt. Bei ihm bekam man diese verschrumpelten, verschimmelten, knochenharten Dinger aus Frankreich, die die bodenständige Hausfrau als ungenießbar im Abfall entsorgt, während uns Liebhabern das Herz aufgeht.

Einen Tag in der Großstadt muss man ausnutzen als Landei. Im einen Kaufhaus hatte ich eine beige Leinenhose von Armani erstanden, im andern das gelbe Poloshirt von Ralph Lauren. Diese langen Wege in Stuttgart! Erschöpft vom vielen Laufen und Anprobieren war ich zum Lunch hinüber in die »Vinothek« gegangen, hatte einen Platz auf der Terrasse direkt am Park ergattert, mit Blick aufs Staatstheater und die Leute, die sich auf der Wiese tummelten, und mir von Vikko Bauer einige edle Tropfen empfehlen lassen.

Leicht beschwingt hatte ich sodann bei Bernd Kreis meinen Weinvorrat aufgestockt und mich beim Wittwer am Schlossplatz wieder mal gefragt, wann ich all die vielen Bücher lesen sollte.

Ich hatte den Tag genossen. Alle Gedanken an meine Zeit in Stuttgart, an die schönen und hässlichen Momente, hatte ich beiseitegeschoben.

Bis sie jetzt wieder aufbrandeten, während wir beim Käse saßen. Es war eine bewegte Zeit gewesen und eine wegweisende. Wurzeln schlagen nach den unsteten Jahren. Berufliche Perspektiven. Visionen. Träume.

Tante Olga beäugte misstrauisch den Käse.

»Wer isst denn so was?«

»Ich und die Franzosen.«

»Die Franzosen!«

Sie ließ sich noch ein wenig darüber aus, doch ich hörte nicht hin. Ich war in der Vergangenheit versunken. Roswitha. Der schöne Anfang, das hässliche Ende. Die Rückkehr in die Heimat.

Zum Dessert sagte Tante Olga, als hätte sie meine Gedanken erraten: »Aber mit seiner Hochzeit, da hat er es dann plötzlich ganz eilig gehabt.«

»Torschlusspanik«, meinte Karin.

»Mit achtundzwanzig? Dabei hat diese Frau überhaupt nicht zu ihm gepasst, ich habe das ja gleich gesagt. Das war so eine Verhuschte. Na ja, war ja auch schnell vorbei.«

Nach einem Jahr. Schnell geheiratet und schnell wieder geschieden, fast im Las-Vegas-Tempo. Wir hätten mehr daraus machen können.

»Und jetzt? Ob ich das noch erlebe, dass er eine Frau anbringt?«

»Er ist eben ein unverbesserlicher Romantiker. Immer auf der Suche nach der großen Liebe«, zwinkerte mir Karin zu.

Ich ging den Espresso holen und ließ mir Zeit dabei. Frauen! Hatten die kein anderes Gesprächsthema? Und zu meinem Essen hatte keine was gesagt! Dabei waren die Steaks so perfekt wie nie, auf dem hauchzarten Übergang zwischen saignant und à point. In der Sauce konnte man sich baden, und ich hatte sie auch eigens durchgeseiht, wozu ich sonst meist zu faul bin.

Ich hatte mich selber übertroffen, und keiner merkte es. Außer mir.

Zur Beruhigung genehmigte ich mir einen doppelten Armagnac und sann über das Leben nach. Der Klang von Karins Stimme ließ erneut Erinnerungen hochschwappen. Andere Erinnerungen. Unsere Vergangenheit. Die anderen Frauen, dazwischen und danach. Nie die Richtige dabei. Was war überhaupt die Richtige? Erkannte man die Richtige erst im Nachhinein, als Vorläuferin der vielen Falschen? Wie war Susan einzuordnen auf einer Skala von null, ganz falsch, bis zehn, ganz richtig?

»Wo bleibt der Kaffee?«, rief Tante Olga.

Zum Espresso präsentierte ich meine Sammlung von Digestifs: »Kirschwasser von Böhringer, Zwetschge von Keil, ein Bierbrand der Haller Löwenbrauerei. Alles aus der Region. Oder einen ganz ordinären Grappa?«

Tante Olga probierte sich durch. Sie sah meinen skeptischen Blick und meinte nur: »Na und? Ich bin etwas angeschickert. Aber wenn es sein muss, trinke ich dich noch unter den Tisch, mein Junge.«

Das schien mir gar nicht so abwegig, wenn ich ihren Konsum betrachtete.

Ich bot Karin noch etwas an: »Vorglühen?«

Sie schüttelte den Kopf: »Das Alter haben wir hinter uns.«

Nach dem Kaffee sagte ich: »Und jetzt, Tante Olga, schleppen wir dich mit zum Unterwöhrd. Da ist große Party mit Liveband. Oder möchtest du lieber Boxauto fahren auf dem Rummel?«

»Dafür bin ich zu alt. Ich mache noch einen Bummel durch die Stadt.«

»Sei kein Spielverderber, komm mit!«

»Geht ihr euch mal alleine amüsieren, Kinder.« Sie zwinkerte Karin zu. »Und macht euch keine Gedanken. Ich habe einen tiefen Schlaf.«

»Tantchen, wir schlafen getrennt. Karin im Hotel, ich hier.«

»Schön blöd«, kommentierte Tante Olga.

Sie nahm mich auf die Seite. »A saubers Mädle!«, flüsterte sie mir zu. Bühnenflüstern. Bis in die letzte Reihe zu hören. Aus ihrem Mund allerdings ein großes Kompliment. Karin lächelte mir zu.

So ließen wir den Abend auf dem Unterwöhrd ausklingen. Auf der großen Insel zwischen zwei Kocherarmen trutzte das hölzerne Globe-Theater allen Anfeindungen, bis es irgendwann verfault in sich zusammenfallen würde. Davor waren Imbissbuden aufgebaut, überall standen Biertische.

Die Band versuchte sich gerade an »Angie«. Wenigstens klang das, was aus den Boxen bullerte, entfernt danach. Vielleicht waren die Jungs auch besser, als es sich anhörte.

Der Soundmixer hatte offensichtlich sein Hörgerät verloren.

Es war voll. Alle waren ausgelassen und fröhlich und genossen die Nacht, die so warm war wie sonst manche Sommertage nicht. Die Stadt stimmte sich langsam auf das Festwochenende ein. Noch waren die Einheimischen unter sich. Die Touristenströme würden erst morgen einfallen.

Wir waren bester Stimmung, tanzten, lachten, tauschten Erinnerungen aus, tratschten über alte Bekannte und ein bisschen auch über uns. Über damals und heute. Es war wie in alten Zeiten, vor dem unrühmlichen Ende. Falsch. Es war besser denn je zuvor.

Ich verbannte alle Gedanken an meine derzeitige Herzallerliebste, die jetzt wer weiß was am Gardasee trieb, und genoss Karin in meinen Armen. Die Nacht war schön, so jung kamen wir nicht mehr zusammen, und einmal ist keinmal.

Wir spazierten durch den Park, nicht mehr ganz sicher auf den Beinen, eng umschlungen, und alberten herum wie Teenager. Schließlich schlenderten wir hinunter zu einem der Kocherarme hinterm Globe-Theater, wo der Fluss einen kleinen Kieselstrand angespült hatte. Die Band machte gerade Pause, wir hörten das leise Gluckern des Wassers.

Es war herrlich romantisch, der Mond, der sich im Wasser spiegelte, die laue Nacht, die Blätter der alten Bäume säuselten im schwachen Wind, nur das Lachen fröhlicher Menschen und sonst kein Lärm.

Irgendwie kam meine Hand auf Karins Pobacke zu liegen und wurde nicht weggeschoben. Als gehörte sie dorthin, seit ewig. Etwas baute sich auf, wie vor einem Gewitter. Ich hatte einen plötzlichen Schweißausbruch, mein Herz raste.

Keiner von uns stieß einen Schrei aus. Wir waren zu

überrascht und zu schockiert, als wir hinter dem Gebüsch über die Leiche von Andrea Frobel stolperten.

Ich war schlagartig ernüchtert und rief Kommissar Keller auf seinem Handy an.

Nun standen wir also um Andrea Frobel herum. Mitternacht war längst vorbei. Die polizeiliche Routine lief. Der Polizeiarzt war mit seiner ersten Untersuchung fertig.

»Vergewaltigt?«, fragte Keller.

Doktor Klumpp schüttelte den Kopf. »Sieht nicht so aus. Wenn, dann hat sie sich nicht gewehrt. Keinerlei Spuren von Gewaltanwendung.« Er packte seine Sachen zusammen und fuhr fort: »Aber sie hatte GV kurz vor ihrem Tod. Ungeschützt.«

Keller guckte erst verblüfft, bis sich ein hämisches Grinsen breitmachte.

»Dann hat der Täter wenigstens seine Visitenkarte hinterlassen. Ich werde mich bei ihm bedanken, wenn ich ihn habe.«

»Ich sorge dafür, dass Sie die DNA-Analyse schnellstmöglich bekommen«, versprach der Arzt.

»Was können Sie zum Todeszeitpunkt sagen?«, fragte Keller.

»Vor ungefähr eineinhalb Stunden«, sagte Dr. Klumpp, »vielleicht auch vor einer. Genaueres wie üblich nach der Obduktion.«

Keller fuhr herum und starrte mich an. Auch ich hatte zurückgerechnet und wusste, was ihm durch den Kopf ging.

Vor etwa einer Stunde hatten wir die Leiche entdeckt. Der Mörder musste an uns vorbeigegangen sein.

Keller grummelte mich an: »Hättest du früher mit dem Turteln begonnen, dann hättest du den Mord verhindert.«

Diese Bemerkung war unsinnig, und das wusste er selbst. Aber ich nahm es ihm nicht übel. Keller war gehörig im

Stress. Ich merkte das daran, wie er auf seinem unangezündeten Zigarillo herumkaute.

Bisher hatte er Karin ignoriert, nun fauchte er sie grob an: »Und wer sind Sie eigentlich?«

»Staatsanwältin Karin Brunner«, stellte ich gelassen vor.

Wenn man Keller richtig überraschte, konnte man an jedem Muskel seines zerfurchten Gesichtes ablesen, welche Fortschritte seine Denkarbeit gerade machte. Und jetzt arbeitete sein Gehirn sehr hart. Eine Staatsanwältin? Hier am Tatort? So schnell? Und eine, die er gar nicht kannte?

Ich erlöste ihn. »Staatsanwältin Karin Brunner aus München, auf Privatbesuch in Schwäbisch Hall«, klärte ich auf.

Keller lockerte sich sichtlich und schaute Karin interessiert an.

»Dann haben wir ja professionelle Hilfe aus der Großstadt«, lächelte er sie an. Tatsächlich, er lächelte. Das sah man selten bei ihm. Gelegentlich grinste er, meistens süffisant, gelegentlich bösartig. Aber lächeln? Ich schrieb das der späten Stunde zu und dem Druck, unter dem er stand.

Der Arzt verabschiedete sich. Keller gab ihm seine Nachtarbeit mit auf den Weg: »Ich brauche die Ergebnisse unbedingt bis morgen früh. Sie wissen, das ist eine ganz besondere Tote.«

Jeder verstand, was er meinte, nur Karin nicht.

»Was ist bei dieser Toten anders als bei anderen?«, fragte sie Keller leicht indigniert.

Ich sprang Keller bei, er hatte genug um die Ohren. »Andrea war bei den Siedern.«

»Das hab ich schon kapiert.«

»Und die Sieder feiern drei Tage lang ihr großes Fest...«

»Deshalb bin ich ja hier.«

»...mit rund 500 Akteuren.«

»Da wird sich doch noch ein Ersatz für diese Andrea finden lassen.«

»Das ist bestimmt nicht das Problem«, meinte ich. »Das liegt woanders. Auf dieses Pfingstwochenende arbeiten die Sieder das ganze Jahr hin. Drei Tage lang sollen sie Stimmung machen und wollen selber fröhlich sein und heftig feiern. Die Stimmung dürfte schon etwas leiden, wenn eine der Ihren ermordet worden ist.«

Glücklicherweise, dachte ich, war es zu spät fürs Lokalblatt. Dann war der Mord wenigstens keine offizielle Sensation, sondern wurde nur unter der Hand weitergeflüstert.

Ich betrachtete die Tote, die gerade in diesen hässlichen Metallsarg gelegt wurde, den wir alle aus den Fernsehkrimis kennen.

Sie war so fröhlich gewesen. Sie hatte zu den Erbsiedern gehört, und sie war stolz darauf gewesen.

Ich wandte mich wieder Karin zu. »Die Sieder sind nicht bloß ein Verein zur Erheiterung der Touristen. Die Sieder sind eine Tradition. Und die nehmen sie verdammt ernst, das wirst du schon noch merken.«

Als der Sarg abtransportiert war, zerstreuten sich auch die Gaffer. Wir ließen uns mittreiben. Nach den Wirrnissen dieser Nacht hätte ich noch einen Schluck vertragen können. In den Kneipen, drinnen wie draußen, tobte immer noch das volle Leben. Lachen, lärmen wie auf einer Piazza in Italien. Es müsste herrlich sein, sich dazuzusetzen, etwas Kühles zu trinken, mitzureden, mitzulachen, unbeschwert die warme Nacht zu genießen. Wenigstens so lange, bis die Nachricht von dem Mord sich verbreitet hatte.

Aber wir waren beide müde und bedrückt. Und unterdessen war es zwei Uhr geworden. Wortkarg gingen wir zurück zum »Goldenen Adler«.

»Noch einen Absacker?«, fragte ich.

Karin schüttelte den Kopf.

»Bei mir?«

»Nein. Es ist zu spät.«

Vielleicht hatte sie recht.

Wir verabschiedeten uns züchtig mit Küsschen links, Küsschen rechts. Jegliche romantische Anwandlung war vergangen.

Zu Hause öffnete ich dann doch noch eine Flasche. Stettener Brotwasser, ein Riesling aus dem Weingut des Hauses Württemberg, ein adliger Wein sozusagen. Den hatte ich schon lange nicht mehr getrunken. Er war schön kühl. Der Name hatte mir schon immer gefallen. Wenn man von Wasser und Brot leben müsste, dann so. Aber früher hatte er mehr Bodag'fährtle, fand ich, schmeckte also mehr nach dem Schilfsandstein, auf dem er wuchs. Lag das am Wein oder an mir? Oder trog die Erinnerung? Wie die Erinnerung auch die schönen Zeiten mit Karin verklärte und die weniger schönen ausblendete? Wie ich bei Roswitha nur an das Unangenehme dachte, das Misstrauen, die Diskussionen?

Gegen meine Gefühlsverwirrungen kam auch der Riesling nicht an.

Ich löschte das Licht, zog mich aus und stellte mich mit dem Glas in der Hand ans offene Fenster.

Kein Lufthauch war zu spüren. Ich kann dem Klimawandel, der uns versprochen wird, durchaus etwas abgewinnen: lieber schwitzen als frieren. Aber jetzt war es sogar mir zu viel. Wie unter einer Glocke hing die Schwüle in der Stadt, selbst um diese Zeit noch.

In der Gelbinger Gasse war es ruhig. Die Eisdiele hatte längst geschlossen. Ab und an kamen ein paar Leute zurück vom Feiern. Still und sachte schwankend die einen, fröhlich und lachend andere.

Fast überall in der Straße standen die Fenster offen und trugen die Geräusche der Nacht hinaus, die sonst in der Häuslichkeit eingeschlossen blieben. Das Schnarchen und Röcheln von Menschen, die sich unruhig im Schlaf wälzten. Kein Keuchen und Stöhnen, dazu war es zu spät oder zu schwül, wer wollte bei diesen Temperaturen schon größere Anstrengungen auf sich nehmen?

Im Haus gegenüber ging im zweiten Stock ein Licht an. Rita und Jörg. Das Paar wohnte schon lange dort, beide Lehrer und etwas älter als ich. Mit Jörg saß ich oft zusammen, wir goutierten die Schätze unserer beider Weinkeller. Bald danach ging das Licht wieder aus.

Im Gästezimmer sägte Tante Olga friedlich vor sich hin. Sie hatte wirklich einen gesunden Schlaf und mich nicht gehört. Glücklicherweise. Ich hatte absolut keine Lust, ihr von dem Mord zu erzählen.

Das Brotwasser in der Flasche wurde weniger, und die Fragen nahmen zu.

Welchen Grund gab es, ein Mädchen wie Andrea zu ermorden? Welchen Grund gab es, überhaupt einen Menschen zu ermorden? Die zweite Frage war rhetorisch, der ersten musste ich nachgehen.

Es ging mich eigentlich nichts an, und Keller würde mir gehörig den Marsch blasen, wenn ich mich in seine Ermittlungen einmischte.

Aber es war eine persönliche Sache. Ein Mensch, den ich gekannt und gemocht hatte, war tot. Und der Mord war praktisch vor meinen Augen geschehen.

Ich versuchte mich zu erinnern, wer uns begegnet war.

Aussichtslos. Zu viele Menschen hatten auf dem Unterwöhrd geturtelt und gelärmt. Einige hatte ich gekannt, die meisten nicht. Und außerdem war ich beschäftigt gewesen. Mich plagten Gewissensbisse. Wenn wir brav und züchtig herumspaziert wären, hätten wir vielleicht ... Es war unsinnig, und trotzdem.

Von den vielen Menschen war einer der Mörder.

Und ich würde keine Ruhe geben, bis ich den Kerl in die Finger bekam. Darauf trank ich den letzten Rest, der noch in der Flasche war.

Ich schlief schlecht diese Nacht. Ich hatte wirre Träume,

in denen Andrea, Karin und Susan in nicht eindeutigen Rollen vorkamen. Schweißnass wachte ich zwischendurch immer wieder auf.

Wie sollte man auch bei dieser Hitze schlafen können?

Pfingstsamstag

Wir hatten uns zum Frühstück auf der Terrasse des »Cafés am Markt« verabredet, direkt neben Karins Hotel. Es war erst neun Uhr an diesem Samstagmorgen, aber der kurze Weg von der Gelbinger Gasse herüber zum Marktplatz hatte mich bereits heftig ins Schwitzen gebracht.

Wir hatten schon siebenundzwanzig Grad, und dagegen halfen meine neue beige Leinenhose von Armani und das hellblaue Leinenhemd nur bedingt. Eigentlich sollte man an solch einem Tag Sandalen tragen, aber ich hasse Sandalen. Deshalb war ich wieder einmal in leichte Slipper geschlüpft. Barfuß natürlich, auf die italienische Art.

Von der Terrasse aus hat man einen Promenadenblick auf den samstäglichen Wochenmarkt. Doch wir hatten im Moment noch keinen rechten Sinn für die bunten Schirme und die üppigen Berge von Gemüse und Obst. Und auch nicht für die prachtvolle Bebauung ringsumher. Wir waren beide übernächtigt, und ich spürte den Wein. Ich hätte mich mit einem Glas begnügen sollen.

»Wo ist Olga eigentlich?«, wollte Karin wissen.

»Putzt meine Wohnung.«

»Im Ernst?«

»Sie war nicht davon abzubringen.«

»Hast du ihr von dem Mord erzählt?«

»War mir zu anstrengend, so früh am Morgen.«

Einsilbig knabberten wir an unseren Brötchen. Mit dem Kaffee kehrten allmählich meine Lebensgeister zurück. Ich versuchte, nicht an Andrea zu denken und es einfach zu genießen, an der Seite einer schönen Frau in der Sonne zu sitzen.

Karin blätterte im Programm des Siedersfestes und fragte: »Was hat es eigentlich mit diesem seltsamen Siedershof auf sich, der das Fest veranstaltet?«

»Der Siedershof war ursprünglich einmal das Fest selbst«, erklärte ich. »Der Begriff kommt von ›Hof halten‹. Die Sieder wollten auch mal so feiern, wie man das bei Hof tat. Später bezeichnete man damit dann die Gemeinschaft der Siedersburschen.«

»Typisch, nur die Männer.«

»Im Mittelalter war das eben so. Der Siedershof war, wenn du so willst, eine Art Hochzeitsverein. Um aufgenommen werden zu können, musstest du zwei Bedingungen erfüllen: Du musstest ein Nachkomme von Siedern und du musstest ledig sein.«

»Warum?«

»Da muss man weit in die Geschichte zurückgehen.«

Karin stöhnte. »Muss das sein?«

»Es geht nicht anders. Du wirst ihr auf Schritt und Tritt begegnen.«

»Ich fand Geschichte schon in der Schule langweilig.«

»Das lag am Lehrer. Aber ich bin charmant, geistreich, amüsant, ein guter Erzähler ...«

»Deine Selbstgefälligkeit ist manchmal unerträglich.«

Ich orderte einen frisch gepressten Orangensaft. Vitamine waren gut. Außerdem musste ich nachdenken. Wie kann man eine lange Geschichte kurz erzählen?

»Also«, begann ich. »Salz war früher ein seltenes und daher kostbares Gut. Die Städte, die das Salzmonopol hatten, sind reich und mächtig geworden – wie Hall.«

»Schön, wenn so eine Salzquelle im Garten sprudelt«, sagte Karin.

»Du hättest nicht viel davon gehabt. Die Salzquellen waren Eigentum des Herrschers. Er belehnte damit den Adel, die Stadt, die Kirchen. Später erwarben auch Großbürger Anteile.«

»Dann gehörte den Siedern das Salz also gar nicht?«

»Nur wenige Sieder besaßen das ›Eigen‹ am Sieden, wie man das nennt, waren also selbst Besitzer. Die meisten waren nichts anderes als Facharbeiter. Nicht übermäßig gut bezahlt übrigens.«

»Wie ist man dann reich geworden?«

»Wie immer und überall: nicht durch Arbeit, sondern durch Besitz. Nicht durch das Sieden selbst, sondern durch den Verkauf des Salzes. Und die Salzführer brachten auf ihrer Rückfahrt andere Güter hierher, mit denen Handel getrieben wurde, Wein vor allem.«

»Ich verstehe den Zusammenhang mit den Siedersburschen noch nicht.«

»Die Sieder hatten ihr Sieden gepachtet. Irgendwann hat sich das ›Erbsieden‹ herausgebildet. Das durfte nicht verkauft, sondern eben nur in der Familie vererbt werden. Damit erst erhielten die Sieder ihre besondere Stellung und wurden zu einer geschlossenen Gemeinschaft. Sie hatten das Monopol auf das Sieden. Damals ging der Spruch, weder König noch Kaiser könnten Sieder zu Hall werden, es sei denn, sie heirateten eine Siederstochter. Denn erben konnten Söhne wie Töchter gleichermaßen. Die Frauen mussten genauso hart arbeiten wie die Männer, zum Beispiel Holz stapeln, also sollten sie auch erben dürfen.«

»Da waren die Siederstöchter wohl begehrte Heiratsobjekte«, meinte Karin.

»Die Söhne genauso. Die Sieder heirateten meist untereinander. Das war schlichte wirtschaftliche Notwendigkeit. Über die Generationen hinweg waren die Siedeanteile immer mehr aufgesplittet worden. Im Jahr 1776 gab es rund sechzehnhundert Personen, die Siedeanteile hatten.«

»Und zwei kleine Teile ergeben einen größeren.«

»Prinzip erkannt.«

»Tja, damals hatte das Heiraten wenigstens noch Sinn.«

»Wie du das sagst, klingt es nicht sehr romantisch.«
»Ach, die Liebe ...«
»Jedenfalls«, beendete ich meinen Exkurs, »ist aus einer berufsständischen Gemeinschaft im Lauf der Jahrhunderte so etwas wie eine Großfamilie geworden. Viele Nachkommen der Sieder sind irgendwie miteinander verwandt, und sei's nur um sechs Ecken. Die große Familie feiert an diesem Wochenende. Sie feiert auch sich und erinnert an ihre Vergangenheit. Wir sind in der Gegenwart angekommen.«

Karin seufzte. »Zum Glück! Woher weißt du das alles? Bist du neuerdings Stadthistoriker im Nebenberuf?«

»Meine Liebe«, sagte ich, »das gehört zum Grundwissen eines Haller Bürgers.«

In Wahrheit hatte ich mich etwas eingelesen, um meinem Besuch zu imponieren. Und ich hatte dabei erstaunt festgestellt, wie wenig ich eigentlich wusste über meine Heimatstadt.

»Wie süß von dir«, sagte Karin und streichelte meine Hand. Mich durchlief es heiß. Wahrscheinlich müssen Blitze gezuckt haben. Sie machte noch ein Weilchen weiter, ich ließ es gern geschehen.

Leider zog sie irgendwann ihre Hand zurück und zündete sich eine Zigarette an. Missbilligend schaute ich sie an. Deswegen bekam ich keine Streicheleinheiten mehr?

»Seit wann rauchst du denn?«

»Seit das Rauchen geächtet ist. Man darf sich als mündiger Bürger nicht alles gefallen lassen.«

Eine Zeit lang saßen wir da und redeten nichts. Karin rauchte ihre Zigarette und ließ ihren Blick über die eindrucksvolle Kulisse des Marktplatzes wandern. Vielleicht verstand sie jetzt, warum der Mord an einer Siederin, noch dazu am Vorabend des Festes, die Stadt an einem ganz empfindlichen Nerv traf. Es war nicht bloß die Trauer um ein totes Mädchen, diese Sache ging an das Selbstverständnis der Stadt.

»Wenn ich das richtig verstehe, ist ein echter Haller nur, wer von den Siedern abstammt?«, fragte Karin schließlich.

»So sehen es zumindest die Sieder.«

»Bist du auch ein Siedersnachkomme?«

»Nein.«

»Das ist in dieser Stadt ja wohl ein echter Makel. Tut mir leid, unter diesen Voraussetzungen kann ich dich nicht heiraten, Olgas Erbe entgeht dir. Bist du wenigstens ein Haller?«

»Meine Eltern sind hierher gezogen, als ich elf war. Aufgewachsen bin ich in einem Dorf in der Umgebung.«

Karin wechselte plötzlich das Thema. »Du bist mit diesem Kommissar Keller wohl besser bekannt?«

»Wir hatten gelegentlich miteinander zu tun.«

»Scheint ein ganz netter Typ zu sein.«

Fast hätte ich vor lauter Lachen meinen Kaffee auf ihre weiße Hose geprustet. »Man hat Keller ja schon manches geheißen, aber als netten Typ hat ihn noch niemand bezeichnet. Wenigstens nicht, wenn er ihn erst kurz erlebt hat.«

»Na ja, er ist etwas brummig«, gab Karin zu.

»Er ist unbeherrscht und meistens griesgrämig. Redet nicht viel. Und wenn er was sagt, erröten die Pfarrerstöchter, er ist nämlich ungehobelt und grob. Aber sonst ist er ein netter Kerl, stimmt. Und auf dem besten Weg, zu einem schrulligen Kauz zu werden.«

»Verheiratet?« Karin fragte das so betont beiläufig, dass ich hellhörig wurde.

»Es hat da wohl eine unerfreuliche Scheidung gegeben, erzählt man sich, und danach hat er sich hierher versetzen lassen. Er selber spricht nicht darüber. Jedenfalls habe ich ihn noch nie mit einer Frau gesehen.«

»Deswegen ist er so brummig. Wenn du im Zölibat lebst, wirst du zwangsläufig schrullig. Ich weiß, wovon ich rede.«

»Da ist er übrigens.«

Ich deutete hinüber zum Rathaus. Vor der schweren Tür des barocken Rathauses stand Keller. In dem Mann, der heftig auf ihn einredete, erkannte ich den Polizeidirektor. Es sah so aus, als ob ein Lehrer seinem Schüler eine Standpauke hielte.

Keller benahm sich auch so: Er schaute gelangweilt und gottergeben in die Gegend. Ich winkte ihm zu, und als der Polizeipräsident von dannen ging, kam Keller zu uns herüber.

Ich versuchte, ihn mal mit anderen Augen zu sehen. Er war Mitte fünfzig, was man ihm nicht ansah, groß gewachsen, hager, sein Gesicht voller Ecken und Kanten. Er schaute grimmig wie üblich. Kein schöner Mann, aber ein interessanter. Seine hellwachen grauen Augen ließen ein bisschen in seine Seele blicken, wenn man genau hineinschaute.

Auf Kleidung legte er keinen sonderlichen Wert. Ich sah ihn üblicherweise in einem zerknitterten und schlecht sitzenden Anzug. Heute hingegen hatte er sich richtig herausgeputzt mit einer hellen Hose und einem schwarzen Polohemd. Trotz der Hitze trug er ein leichtes Jackett. Wollte da einer Eindruck schinden? Aber ganz gewiss nicht bei den Stadtoberen.

Er angelte sich einen Stuhl und setzte sich zu uns. Er sah ziemlich fertig aus.

»Anstrengende Nacht?«, fragte ich.

Er nickte. »Es macht keinen Spaß, mitten in der Nacht Eltern aus dem Schlaf zu klingeln und ihnen mitteilen zu müssen, dass ihre Tochter erwürgt worden ist.«

Karin und ich hatten die Ereignisse der vergangenen Nacht bisher in stillschweigendem Einverständnis ausgeblendet, jetzt waren wir wieder mittendrin.

»Warst du selber der Überbringer der schlechten Nachricht?«, fragte ich.

Er nickte.

»Warum hast du das nicht Berger machen lassen?«

»Hat Urlaub.«

»Wer ist Berger?«, wollte Karin wissen.

»Sein Assistent. Schade, dass du ihn nicht kennenlernst. Wahnsinnig toller Typ. Was hast du über Andrea erfahren?«

»Nicht viel. Die Eltern waren geschockt, wie du dir vorstellen kannst. Und ich habe sie nicht unter Druck gesetzt. Nicht heute Nacht.«

»Du brauchst schnelle Ergebnisse«, wandte ich ein.

Er sah mich böse an. »Als ob ich das nicht selber wüsste. Ich hatte gerade ein nicht sehr erfreuliches Gespräch beim Oberbürgermeister.«

Oha! Die Politik reagierte aber schnell.

»Der OB hat wohl Angst, dass ihm die Touristen wegbleiben«, sagte ich.

Keller schnaubte. »So ein bisschen Grusel gibt doch erst den richtigen Kick.«

»Haltet ihr's noch unter der Decke?«

Keller nickte. »Noch. Aber sobald der erste Reporter anruft, muss ich Farbe bekennen. Und das wird nicht mehr lange dauern.«

Und dann würden die Lokalradios landauf, landab die Nachricht stündlich wiederholen. Vor den Zeitungen hatte er wenigstens Ruhe bis Dienstag.

»Da kommt schon der Erste«, sagte ich zu Keller.

Er fuhr herum und sah einen großen, massigen Mann mit gezwirbeltem Schnurrbart auf uns zukommen.

»Du musst mich nicht unnötig erschrecken«, grollte Keller.

In der Tat, von Helmar Haag, dem Redakteur des »Haller Kuriers«, drohte keine Gefahr. Für ihn war das eine Story für die Dienstagsausgabe, wenn das Fest lange vorbei war. Ohnehin war er nicht sensationsgeil und wusste, was auf dem Spiel stand.

Stühlerücken, gegenseitiges Vorstellen. Haag nuckelte wie üblich an seiner Pfeife. Hier draußen durfte er ja.

»Hast du eigentlich kein schlechtes Gewissen?«, frotzelte ich.

»Wieso sollte ich?«

»Wegen deiner Pfeife. Du bist schuld an der Klimaerwärmung.«

»Aha.«

»Deine Pfeife erzeugt Hitze. Und jetzt stell dir mal vor: Jeden Tag werden Millionen von Zigaretten und Zigarren und Pfeifen angezündet – was da an Hitze zusammenkommt! Kein Wunder, dass ich so schwitze.«

»Dillinger, du spinnst! Erzähl mir lieber, wie du sie gefunden hast.« Natürlich wusste er längst Bescheid.

Haag hörte aufmerksam zu und machte sich Notizen. Als ich zu der Stelle kam, wie ich die Leiche gefunden hatte, verkniff er sich eine anzügliche Bemerkung, warf aber Karin einen interessierten Blick zu.

Karin lächelte ihn an.

»Schon irgendwelche Anhaltspunkte?«, erkundigte er sich bei Keller. Die Frage war reine Routine. Hätte es solche gegeben, wäre Haag schon informiert worden.

»Will da vielleicht einer das Siedersfest boykottieren?«, sinnierte Haag.

Karin war verblüfft.

»Ich dachte, ganz Hall steht hinter seinen Siedern?«

»Ganz Hall, bis auf einen unbeugsamen Rest«, grinste Haag.

Ich klärte Karin auf. »Wer als Innenstadtbewohner nicht zu den Siedern gehört oder eine besondere Affinität zu derlei Festen hat, sieht die Sache eher mit gemischten Gefühlen.«

»Zum Beispiel kann ich morgen keinen Sonntagsausflug machen«, erzählte Haag. »Wenn ich heimkomme, kriege ich nirgendwo mehr einen Parkplatz.«

»Also hast du nur zwei Möglichkeiten«, erklärte ich. »Wegfahren übers Wochenende, oder du bist gefangen in der heißen Stadt. Und musst dann den ganzen Zirkus mitmachen oder aussitzen.«

»Aber in der Stadt ist es dafür gemütlich und erholsam«, ergänzte Keller. »Sie werden selber mitbekommen, dass Sie morgen früh zu nachtschlafender Zeit, um sieben Uhr, von Böllerschüssen geweckt werden.«

»Und glaub bloß nicht, wieder einschlafen zu können«, fuhr ich fort, »denn ab acht Uhr ziehen die Sieder mit Pauken und Trompeten durch die Stadt. Was sie übrigens im Lauf des Tages regelmäßig tun. Und zwischendurch knallt's auch immer wieder heftig.«

»Aber dafür haben Sie die Nacht zuvor bestimmt wunderbar geschlafen«, setzte Haag noch eins drauf, »denn gefeiert wird bis in die Puppen, vor allem bei solch einem Wetter.«

»Und die Sieder sind sehr trinkfest, müssen Sie wissen.« Das kam wieder von Keller.

Karin stöhnte. »Ihr wollt mir wohl das Wochenende vermiesen.«

»Dafür hat gestern Abend schon jemand anders gesorgt«, meinte ich und fragte Haag: »Hast du schon Reaktionen von den Siedern?«

Er schüttelte den Kopf. »Ich bin auf dem Weg dorthin. Wollte nur erst das Neueste von euch hören.«

»Woher wusstest du, dass wir hier sind?«, fragte ich.

Haag grinste. »Journalistischer Spürsinn. Ich weiß immer, wo die schönsten Frauen sind.«

Und weg war er. Karin war derlei Komplimente gewohnt, und trotzdem taten sie ihr in der Seele gut, das sah man ihr an. »Charmanter Mann«, sagte sie mit kokettem Augenaufschlag.

»Vergiss ihn«, sagte ich. »Er hat sechs Kinder und eine Wampe.«

Keller sah fast so aus, als überlegte er, wie er auf Haags Schmeichelei noch eins draufsetzen konnte. Keller!

Die Hitze wurde immer drückender, dabei war es erst Vormittag. Nicht der kleinste Lufthauch war zu spüren. Am Himmel zogen ein paar Wolken vorüber. Aber sie sahen nicht so aus, als würden sie Regen bringen. Nur noch mehr Schwüle.

Wir saßen eine Zeit lang schweigend da, jeder in seinen Gedanken versunken. Keller sah fast entspannt aus.

Ich gönnte ihm seine Ruhe nicht: »Warum hast du eigentlich so viel Zeit? Ich dachte, du hast einen Mordfall am Hals?«

Er reagierte ausgesprochen gutmütig. »Gönn mir eine kleine Pause in angenehmer Gesellschaft.« Ich ging davon aus, dass sich das nicht auf mich bezog. »Ich habe heute Nacht nicht geschlafen. Routinefragen stellen können meine Leute auch ohne mich.«

Karin brachte uns zum Kern der Sache zurück: »Was wissen wir über Andrea und ihr Umfeld?«

Also zurück zum Geschäft. Das »wir« fand ich interessant – Frau Staatsanwältin mischte sich ein.

Keller fasste zusammen, was er bisher erfahren hatte. Das war nicht viel: Andrea Frobel war dreiundzwanzig Jahre alt geworden und arbeitete bei der »Büchs«, wie die Einheimischen die Bausparkasse nannten. Vor ungefähr zwei Jahren war sie zu Hause ausgezogen und hatte sich eine eigene Wohnung in der Katharinenvorstadt genommen.

Sie war das einzige Kind. Das Verhältnis zwischen Eltern und Tochter interpretierte Keller als »etwas angespannt«. Nicht unnormal in diesem Alter. Andrea wollte ihr eigenes Leben führen und eine sturmfreie Bude haben.

Offensichtlich waren die Eltern mit den Freunden der Tochter nicht immer ganz einverstanden gewesen. Keller schaute mich dabei vorwurfsvoll an, Karin grinste. Ich wehrte ab. »In diese Kategorie falle ich nicht. Ich war nicht ihr Freund in diesem Sinne. Außerdem habe ich ihre Eltern gar nicht gekannt.«

»Aber sie dich.«

»Aha.«

»Du bist eben eine stadtbekannte Persönlichkeit«, neckte mich Karin.

»In diesem Nest bleibt auch gar nichts geheim«, seufzte ich.

»Sie fanden es gar nicht toll«, sagte Keller, »dass ihre Tochter ein Verhältnis hat mit einem Mann, der um so vieles älter ist.«

»Haben sie das gesagt?«

Keller grinste nur. Hatten sie nicht. Der gemeine Kerl wollte mich nur ärgern.

»Als einzige Tochter hast du's schwer«, sagte Karin. »Da findet kein Schwiegersohn Gnade in den Augen der Eltern. Die Erfahrung hatte ich auch.«

»Hatten deine Eltern was gegen mich?«

»Natürlich. Sie hatten gegen jeden etwas.«

»Und wie bist du damit umgegangen?«

»Ich habe meine Freunde geheim gehalten.«

»Das hat Andrea offensichtlich auch so gemacht«, erklärte Keller.

»Sofern das überhaupt geht in dieser Stadt«, murmelte ich.

»Seit sie ihre eigene Wohnung hatte, wussten die Eltern nicht mehr so recht Bescheid über den Umgang ihrer Tochter. Was sie offenbar mächtig gewurmt hat.«

Das konnte ich mir vorstellen. Die Abnabelung der Eltern von ihren flügge gewordenen Kindern ist ein langer und schwieriger Prozess.

»Was weißt du über Andrea?«, fragte Keller. »Wer war sie?«

Ich überlegte. Wie kann man einen Menschen so beschreiben, dass er für andere, die ihn nicht gekannt haben, lebendig wird? Zunächst äußerlich: Sie war hübsch und hatte eine gute Figur – »Miss Siederin« hatte ich sie immer aufgezogen. Sie kleidete sich eher unauffällig, aber modisch, was freilich auf die meisten Frauen ihres Alters zutraf. Die einzige Extravaganz, die sie sich leistete, war ein rotes Halstuch. Man sah sie nie ohne, selbst im heißen Sommer nicht. Auch gestern hatte sie es ja getragen.

Sie war fröhlich, lachte gern, man konnte gut und unbeschwert mit ihr plaudern. Worüber hatten wir eigentlich immer geredet? Im Nachhinein fiel mir nichts ein. Es waren nette, belanglose Unterhaltungen über alles und nichts, aber nie langweilig.

Allerdings war sie eine engagierte Siederin gewesen. Dass sie einer alten Siedersfamilie entstammte, erfüllte sie mit Stolz. Ihr waren nicht nur die folkloristischen Darbietungen wichtig, sie wusste über die Geschichte der Sieder Bescheid und hatte sich mit den alten Traditionen auseinandergesetzt. Vieles, was ich selbst über die Sieder wusste, hatte ich von ihr.

Sie lebte einen eigentümlichen Mix aus Spießigkeit und Unabhängigkeit. Es stand für sie außer Frage, dass sie in einigen Jahren heiraten und mehrere Kinder bekommen würde, das war ein festes Ziel. Aber bis es so weit war, wollte sie das Leben in vollen Zügen genießen. Sie flirtete gerne, und ich hatte den Eindruck, dass sie schnell mal zugriff, wenn ihr ein Kerl gefiel. Aus einer gemeinsamen Nacht musste ja nicht unbedingt ein Bund fürs Leben werden. War ihr das womöglich zum Verhängnis geworden?

»Apropos«, sagte Keller, »die Obduktion hat im Wesentlichen bestätigt, was der Arzt heute Nacht gesagt hat. Keine Spuren von Gewaltanwendung im Unterleibsbereich, demnach offenbar keine Vergewaltigung, aber frische Spermaspuren – also Sex unmittelbar vor dem Mord. Weswegen wir vorerst mal davon ausgehen müssen, dass ihr Mörder möglicherweise auch mit ihr geschlafen hat.«

»Ein Mord aus Leidenschaft?«, überlegte Karin.

»Ich verstehe das nicht«, sagte ich. »Warum sind sie in die Büsche gegangen? Andreas Wohnung liegt nur ein paar Minuten entfernt.«

»Ganz dringendes Bedürfnis? Vielleicht ein besonderer romantischer Kick?«, überlegte Keller. Dabei sah er mich eindeutig fragend an.

Ich hob abwehrend beide Hände. »Vergebung, Euer Gnaden! Ich habe in der Hinsicht keine einschlägigen Erfahrungen«, sagte ich. »Zumindest nicht mit Andrea«, fügte ich hinzu.

Karin kicherte.

»Was mich am meisten irritiert«, wandte ich ein, »das sind die zusammengelegten Kleider.«

»Warum?«, fragte Keller. Ich kannte ihn. Es war ein Spiel. Er wollte herausfinden, ob andere auf die gleichen Schlussfolgerungen gekommen waren wie er.

»Angenommen, es war eine schnelle Nummer in den Büschen, dann reißt du dir die Kleider vom Leib, aber legst sie nicht erst sorgfältig zusammen. Außerdem würde ich mich dabei nicht vollständig ausziehen«, fuhr ich fort. »Nicht an einer so belebten Stelle wie dieser. Es waren ja jede Menge Leute unterwegs.«

»Vielleicht hat der Mörder genau diese Irritation beabsichtigt«, sagte Keller, »und hat sie erst hinterher ganz ausgezogen.«

Ich erwiderte: »Vielleicht hat der Mörder auch gar nicht mit ihr geschlafen, sondern das Pärchen überrascht.«

»Unlogisch«, warf Karin ein. »In dem Fall hätte sich ihr Lover schon längst gemeldet.«

»Lasst uns das doch mal logisch aufdröseln«, schlug ich vor. »Es gibt eigentlich nur zwei Möglichkeiten: Es kann ein geplanter Mord gewesen sein oder ein spontaner. War er geplant, kann der Mörder nicht ihr Liebhaber gewesen sein. Wer ist schon so dumm und hinterlässt Spermaspuren? Oder es ist eine Beziehungskiste, die aus dem Ruder gelaufen ist. Dann ist ihr Liebhaber auch der Mörder.«

»Klug gesprochen, mein lieber Watson«, antwortete Karin. »Diese Frage können wir vielleicht klären, wenn wir mehr wissen über den Verlauf des Abends.«

»Richtig«, sagte ich. »Wo war Andrea wann? Wer hat sie wann gesehen? Oder wann nicht mehr gesehen? Es muss jede Menge Leute geben, denen sie begegnet ist.«

Karin wandte sich Keller zu. »Was haben Ihre Befragungen gestern Abend ergeben, Herr Keller?«

»Es war schon ziemlich in der Früh, Frau Brunner, und die wenigsten waren noch nüchtern. Und Dillinger hat das Problem auf den Punkt gebracht: Es waren Hunderte von Menschen auf dem Unterwöhrd. Wird dauern, bis die alle befragt sind.«

»Müsst ihr ja richtig was arbeiten.«

Er schaute mich böse an. »Als ob wir sonst nichts zu tun hätten an diesem Wochenende.«

»Gibt es schon irgendwelche Anhaltspunkte?«

»Was glaubst du denn? Heute Nacht war nicht viel zu machen. Wir haben die Adressen notiert, und unsere Leute haken heute nach.«

»Ich sehe schon, ohne meine Hilfe kommt ihr nicht weiter.«

»Untersteh dich!«

»Was ist mit Freunden und Bekannten?«, schaltete Karin sich ein. »Dass Andreas Eltern von ihrem Liebesleben nichts wussten, erscheint mir einleuchtend. Aber unter Freunden wird doch getratscht. Und was ist mit den Berufskollegen?«

So war sie. Riss immer gleich die Initiative an sich. Wahrscheinlich war sie eine gute Staatsanwältin.

Eigentlich hätte der Keller, den ich kannte, explodieren müssen. Stattdessen sagte er erstaunlich sanft: »Frau Brunner, Sie können davon ausgehen, dass wir alles Nötige unternehmen. Aber es ist Pfingsten, und das heißt, Schwäbisch Hall ist im Ausnahmezustand. Bis wir ihren Freundeskreis abgeklappert haben, wird auch seine Zeit dauern. Sofern die Leute überhaupt in der Stadt sind.«

Karin war tatsächlich etwas zerknirscht, weil ihr Temperament mit ihr durchgegangen war, gab aber nicht ganz klein bei: »Wenigstens ihre Freunde von den Siedern sind ja greifbar.«

»Richtig«, sagte Keller.

»Ich höre mich um«, versprach ich. »Den Kerl kriege ich!«

»Aber keine Alleingänge diesmal!«, warnte mich Keller.

»Doch nie!«

»Also wenn ich da an den Bauern Huber denke, der vom Scheunenboden gestürzt ist ... Wenn da nicht dieser Viehhändler gekommen wäre ...«

Karin schaute ratlos vom einen zum andern. »Worüber redet ihr eigentlich?«

»Dillinger hat ein morbides Interesse an Kriminalfällen«, klärte Keller sie auf.

»Ich kann doch nichts dafür, dass ich andauernd über eine Leiche stolpere«, verteidigte ich mich.

»Wir kommen uns deshalb gelegentlich in die Quere.«

»Aber nur, weil ich immer schneller bin als die Polizei.«

»Und meistens schießt er übers Ziel hinaus.«

»Das hier ist aber eine persönliche Geschichte. Ich habe Andrea gekannt. Ich habe sie gemocht. Und ich will wissen, wer ihr das angetan hat.«

»Genau deshalb habe ich dich gewarnt: keine Alleingänge! Aber du hast ja jemanden, der auf dich aufpasst.«

Er lächelte Karin an. Das war ja eine richtige Charmeoffensive! Und Karin lächelte gewinnend zurück.

»Habe ich da irgendwas nicht mitbekommen?«, fragte sie mich. »Hast du dein Versicherungsbüro nicht mehr?«

Ich beugte mich verschwörerisch zu ihr. »Alles nur Tarnung. In Wahrheit bin ich Undercover-Agent.«

Karin guckte entgeistert, Keller grinste. Es passiert selten, dass es Karin die Sprache verschlägt.

»Quatsch!«, sagte ich. »Ich weiß auch nicht, wie es kommt, dass immer ich die Leichen finde. Und da ich von Natur aus neugierig bin... Vielleicht sollte ich doch auf Privatdetektiv umsatteln.«

»Dillinger kommt viel rum, als Versicherungsvertreter kennt er viele Leute«, erklärte Keller. »Er findet schnell Kontakt zu den Menschen, und die erzählen ihm natürlich Dinge, die wir bei offiziellen Befragungen nie erfahren würden.«

Wie Keller das sagte, klang es fast wie ein Lob. Ich fühlte mich geschmeichelt. Unwillkürlich setzte ich mich etwas aufrechter hin. Aber Keller wäre nicht Keller gewesen, wenn es nicht noch einen Nachsatz gegeben hätte.

»Dillinger macht eben, was er als Einziges kann und deshalb am liebsten tut: dumm rumquasseln.«

Karin schnappte ihre Handtasche und stand auf.

»Das«, sagte ich vorwurfsvoll zu Keller, »hättest du nicht enthüllen dürfen. Die Staatsanwaltschaft ist entsetzt über diese Erkenntnis. Jetzt will sie nichts mehr mit mir zu tun haben.«

Karin lachte: »Ich muss mal Pipi!« Direkt wie immer.

Keller schaute ihr nach. Ich hätte wetten mögen, dass Karin absichtlich den Model-Schritt imitierte: Fuß vor Fuß, damit ihr wohlgeformter Hintern noch etwas mehr wackelte. Ihre weiße Hose saß so knalleng wie die malvenfarbige Bluse.

»Scheint eine ganz nette Frau zu sein, deine Staatsanwältin«, sagte Keller beiläufig.

So etwas Ähnliches hatte ich in der anderen Richtung

heute Morgen doch schon mal gehört? Mir lag eine blöde Bemerkung auf der Zunge, aber ich schluckte sie wieder hinunter, als ich Keller ansah. Er hatte einen so träumerischen Blick, wie ich ihn bei ihm noch nie gesehen hatte. Also sagte ich: »Sehr attraktiv, wie du siehst. Intelligent. Gebildet. Spontan. Temperamentvoll. Direkt. Und sehr eigenwillig.«

Herrgott, ich pries Karin ja an wie ein Heiratsvermittler. Keller druckste herum. »Seid ihr ... wart ihr ...?«

»Wir waren«, sagte ich. »Bis sie mir dann zu eigenwillig wurde. Und ich ihr. Ist schon lange her. Seitdem haben wir den Status erreicht, den man sich am Ende jeder Beziehung wünscht: Wir sind gute Freunde geblieben.«

Vielleicht zu gute? Wenn ich daran dachte, wie sie mir vorhin die Hand gestreichelt hatte, lief es mir erneut heiß den Rücken hinunter. Aber das ging Keller nichts an. Wir waren ja schließlich keine Busenfreunde.

Ich bemerkte, wie Keller mit sich kämpfte. Der Mensch überraschte mich heute in einem fort. Sonst war er doch nicht zimperlich und genauso direkt wie Karin. Ob's am Wetter lag?

Ich ahnte, was ihn plagte, und sagte: »Übrigens ist sie solo.«

»Als ob mich das interessieren würde«, brummte Keller. Na also, doch noch ein bisschen der Alte. Karin – oder das Wetter – hatte ihm den Kopf noch nicht ganz verdreht.

Karin kam zurück und strahlte wie die Sonne über uns: erbarmungslos. Wie ich bemerkte, hatte sie ihr Make-up erneuert. Die Bluse stand einen Knopf weiter offen. Klar, bei der Hitze.

Wir saßen da und betrachteten das Gewusel auf dem Markt. Keller machte artig Konversation und ließ sich sogar zu einigen witzigen Bemerkungen hinreißen. Er entspannte sich zusehends.

Durch das Gewühl des Wochenmarktes kämpfte sich

Sonja zu uns. Sie war erstaunlicherweise immer noch mit Miriam zusammen und hatte das zierliche Mädchen mit den großen Augen im Schlepptau.

Derzeit stand Sonja auf Western-Look, ihr Indien-Fimmel mit Sari und abscheulichem Ayurveda-Tee war vorbei. Sie trug knallenge Jeans, die in Westernstiefeln steckten. Echte Westernstiefel, nicht diese modischen Imitate. Darüber eine weiße Bluse, auf dem Kopf einen Stetson. Howard Hawks hätte seine helle Freude gehabt. Sie machte was her, meine Geschäftspartnerin, aber mir wäre es entschieden zu warm gewesen.

»Da bist du ja! Ich hab's schon gehört. Die arme Andrea!«

»Die Buschtrommeln scheinen ja prächtig zu funktionieren in Schwäbisch Hall«, meinte Karin.

Ich stellte die Damen einander vor: »Karin Brunner, mein Besuch aus München. Sonja Niemeier, meine Partnerin, und ihre Lebensgefährtin Miriam.«

»Du bist also die Karin!«, sagte Sonja. »Ich habe schon viel von dir gehört. Wundert mich nicht, dass du es nicht lange mit ihm ausgehalten hast.«

»Und du bist seine Partnerin? Du musst ja Nerven haben!«, erwiderte Karin.

»Er kann manchmal auch ganz nett sein.«

»Die Momente sind aber eher selten.«

»Richtig. Dafür ist er nicht nachtragend.«

»Tatsächlich? Das war aber damals anders.«

»Na ja, er arbeitet an sich. Er ist gelassener geworden. Gelegentlich sogar richtig nachdenklich.«

»Im Kochen hat er Fortschritte gemacht. Früher konnte er nicht mal ein Spiegelei braten.«

»Das kann er heute noch immer nicht.«

»Ist dir an ihm auch schon mal aufgefallen, dass er ...«

Jetzt wurde es mir zu bunt.

»Die Damen können sich gerne weiter über mich unterhalten. Ich mache derweil einen Spaziergang.«

Karin und Sonja sahen sich an und grinsten. Die beiden schienen sich auf Anhieb zu verstehen. Die kleine Miriam saß wie üblich dabei, machte Glubschaugen und sagte nichts.

»Hast du Andrea gekannt?«, fragte ich Sonja.

»Nicht näher. Ich habe sie hin und wieder mal in den Kneipen gesehen.«

»Weißt du, mit wem sie zuletzt zusammen war?«

»Keine Ahnung.«

»Hast du mal von einem Freddy gehört?«

Sonja dachte nach. »Sie war mal kurze Zeit mit einem Freddy zusammen, darüber hat man geredet. Aber an mehr kann mich nicht erinnern. Weißt du das noch, Miriam?«

Miriam schüttelte nur den Kopf.

»Dieser Freddy könnte eine Spur sein«, sagte ich. »Genauer gesagt, er ist der einzige Anhaltspunkt, den wir im Moment haben.«

»Ich höre mich mal um.«

»Wo bleibt eigentlich Olga?«, fragte Karin plötzlich.

»Gutes Timing. Schau mal, wer da kommt.«

Die alte Dame trippelte um die Ecke, den Strohhut auf dem Kopf, den unvermeidlichen Stockschirm in der Hand. Sie schaute sich auf dem Marktplatz um und entdeckte uns.

»Kinder, lasst ihr euch denn gar nicht mehr blicken?«, rief sie uns zu. »Na, das ist ja mal eine große Versammlung! Und da ist ja auch das Fräulein Sonja!«

Tante Olga kannte Sonja von früheren Besuchen. Miriam wurde dezent als eine Bekannte vorgestellt. Aber so, wie Tante Olga Miriam betrachtete, hatte sie die wahren Verhältnisse sofort durchschaut.

»Und wer ist denn dieser ältere Herr hier?«, fragte Tante Olga.

Keller zuckte zusammen.

»Das ist Hauptkommissar Keller von der Kripo«, übernahm ich die Vorstellung.

Tante Olga schaute mich entgeistert an. »Allmächtiger! Hast du etwas angestellt, Dieter?«

Ich beruhigte sie: »Nur ein Bekannter, Tantchen. Setz dich und trink einen Kaffee.«

Ich warf den anderen warnende Blicke zu: kein Wort über Andrea! Die alte Dame sollte sich nicht beunruhigen.

Tante Olga wandte sich Sonja zu. »Sie müssen besser auf ihn aufpassen. In seiner Wohnung herrscht das reinste Chaos.«

»Ich bin nur fürs Büro zuständig. Seine Wohnung geht mich nichts an.«

»Da fehlt eben die Frau im Haus«, bemerkte Tante Olga.

»Davon gibt es eigentlich genügend«, stichelte Sonja. »Nur bleiben die nie lange.«

»Wahrscheinlich ein schlechtes Karma«, warf Karin ein.

»Es liegt zu viel Staub«, sagte Tante Olga bestimmt.

So ging es weiter. Die drei Damen amüsierten sich, und meist auf meine Kosten. Miriam saß stumm dabei, Keller döste in der Sonne.

Da klingelte sein Handy. Er seufzte, hob ab und meldete sich.

Plötzlich setzte er sich aufrecht. Er hörte angespannt zu und sagte: »Ich komme.« Er wandte sich uns zu. »Männliche Leiche im Acker. Erdrosselt.«

Er rannte davon, wir ihm nach. Tante Olga blieb allein auf der Terrasse zurück.

»Und was ist jetzt mit mir?«, rief sie entrüstet.

Auf dem Weg klärte ich Karin auf, dass mit dem »Acker« die Ackeranlagen gemeint waren, der städtische Park – die Fortsetzung des Unterwöhrds, wo wir gestern gewesen waren, nur auf der anderen Seite des Kochers. Allmählich lernte Karin Schwäbisch Hall durch Tatorte kennen.

Wir drängelten uns durch den Markt, was nicht ganz

ohne Rempeleien abging, und handelten uns erboste und manchmal auch böse Kommentare ein.

Die Schulgasse, der steile Buckel vom Marktplatz zur Haalstraße hinunter, bremste uns aus. Karin hatte meine guten Ratschläge ignoriert. Die riemenlosen Sandaletten mit den hohen Absätzen sahen zwar schick aus, waren jedoch allenfalls zum Bummeln auf dem Viktualienmarkt geeignet. Das abschüssige Kopfsteinpflaster erforderte hingegen waghalsige Balanceakte.

Keller guckte böse zurück. Er war uns um einiges voraus.

»Mach nur zu«, sagte ich, »wir haben technische Probleme.«

Ich hörte es ganz deutlich: »Frauen!«, murmelte Keller. »Frauen und Schuhe!«

Auch Karin hatte es gehört. Ich war gespannt auf ihre Replik. Doch sie zog kurzerhand ihre Sandaletten aus und eilte Keller barfuß hinterher. Schon vom bloßen Anblick taten mir die Füße weh.

»Deine zarten Füße halten das aus?«, fragte ich verwundert.

»Die sind das gewöhnt.«

»Läufst du barfuß durch München?«

»Klar. Das ist der neueste After-Party-Fun: ohne Schuhe durch die Stadt. In Strümpfen oder barfuß.« Keller war verblüfft stehengeblieben. Karin kam strahlend auf ihn zu.

»Warten Sie mal«, sagte sie, stützte sich auf seine Schulter und zog ihre Sandaletten wieder an. Dann hakte sie sich bei ihm unter.

»Jetzt kann's weitergehen«, sagte sie, »die zwei Minuten machen Ihre Leiche auch nicht wieder lebendig. Und Ihre Leute haben doch bestimmt alles im Griff, nicht wahr?«

Und so zogen wir weiter in die Ackeranlagen, zwar nicht gemächlich, doch ohne Hast. Keller war lammfromm, aber ich merkte ihm seine Nervosität an.

Der Tatort war nicht zu verfehlen, Kellers Leute hatten ihn abgeriegelt und waren in der Tat bereits heftig bei der Arbeit. Ringsumher standen die üblichen Schaulustigen.

Der Tote lag unweit der Epinalbrücke im Gestrüpp. Die Stadtgärtner hatten einen breiten Streifen entlang des Kochers ungemäht gelassen, ein wahrhaft wildromantisches Stück Natur mitten in der Stadt. Der blühende Kerbel, die hohen Gräser waren nun allerdings ziemlich zertrampelt.

Keller verzog das Gesicht. So viel zur Spurensicherung.

Nach der ersten Einschätzung war der Fundort nicht der Tatort. Der Mörder hatte die Leiche hierher geschleppt.

Sie hatten den Toten bereits identifiziert, er hatte seinen Ausweis bei sich. Ronald Seiferheld, zweiunddreißig Jahre alt. Er trug die Tracht der Sieder. Erwürgt, offenbar mit einem dünnen Draht oder Ähnlichem.

»Kennst du ihn?«, fragte mich Keller.

Ich schüttelte den Kopf.

»Na ja, wenn's ein Mädchen wär'...«, brummte er.

Ich hielt mich nur mühsam zurück. Ich habe ja nichts gegen seine Sticheleien, aber seine andauernden Versuche, mich vor Karin zum Casanova von Schwäbisch Hall aufzubauen, gingen mir allmählich ganz schön auf den Geist.

»Sonja?«

Auch Sonja verneinte. Miriam schaute sehr interessiert in die andere Richtung. Zu zart besaitet für eine Leiche.

»Wer hat ihn gefunden?«, fragte Keller.

Der Beamte zeigte auf ein ältliches Männlein mit einer kläffenden Promenadenmischung, jetzt an der Leine. Aha. Keller hätte eigentlich gar nicht zu fragen brauchen, aber es musste eben sein.

»Ich gehe jeden Morgen mit meinem Peter hier spazieren«, sagte das Männlein, »und da hat er so fürchterlich gebellt, und dann hab ich ihn halt gefunden.«

Dem Mann stand der Schrecken noch im Gesicht, deshalb machte es Keller gnädig.

»Sie wissen schon, dass Sie Ihren Hund hier an der Leine führen müssen, oder?«, bemerkte er.

»Der Peter hat sich losgerissen«, verteidigte sich der Mann. Keller verzog spöttisch die Mundwinkel, sagte aber nichts weiter. Er war ja nicht vom Ordnungsamt.

Dann ging er hinüber zu Dr. Klumpp. Der sagte, noch bevor Keller danach fragen konnte: »Zwischen ein und zwei Uhr heute Nacht.«

»Also kurz nach dem Mord an Andrea Frobel«, überlegte Keller. »Und der zweite Sieder. Sollte das Zufall sein?«

»Hat es da doch jemand auf die Sieder abgesehen?«, steuerte Karin bei.

»Den ersten Mord könnte man ja noch als tragischen Unglücksfall abtun«, sagte Keller. »Aber wenn es jetzt wieder einen Sieder getroffen hat?«

Ich protestierte. »Hat euch die Hitze das Gehirn zugekleistert? Ihr steigert euch ja regelrecht in eine Verschwörungstheorie hinein!«

»Hast du eine bessere Idee?«, raunzte mich Keller an.

»Ich habe überhaupt keine Idee, solange ich keine Fakten habe«, sagte ich. »Und ich weiß bisher nur, dass offensichtlich beide heute Nacht alleine im Park unterwegs waren.«

»Wieso alleine?«

»Jedenfalls nicht in einer Gruppe. Entweder waren sie allein und haben dann ihren Mörder getroffen, oder sie sind mit ihrem Mörder weggegangen. Das zumindest könnte jemand beobachtet haben. Und die größten Chancen hast du bei den Siedern, die hängen ja meist zusammen.«

»Doch ein gestörtes Schäferstündchen?«, fragte Karin.

»Ich habe keine Ahnung, wie du jetzt darauf kommst, aber alle Theorien bleiben Theorie, solange wir nicht wissen, wer was wann und wo gestern Abend gemacht hat«, erwiderte ich.

Ich schaute auf die Uhr. Die Sieder waren jetzt in der Stadt unterwegs und verteilten Mühlenbrote in den Altenheimen. Eine nette Geste und Teil des Festrituals, aber darauf konnte man jetzt keine Rücksicht mehr nehmen.

Zu Keller sagte ich: »Ich fürchte, du kannst die Sieder jetzt nicht mehr schonen.«

Keller schaute mich vergrätzt an. »Schön, dass du mich immer wieder auf meine Gedanken bringst. Ich rufe den Ersten Hofburschen an, der soll mir die Sieder zusammentrommeln.«

»Der Erste Hofbursche?«, fragte Karin erstaunt.

»So nennt der sich nun mal«, erklärte ich. »Alte Tradition. Das ist nichts anderes als der Vorsitzende des Siedershofes. Die werden jetzt sowieso einiges zu bereden haben. Nämlich, ob sie das Fest fortsetzen sollen.«

Keller stöhnte.

»Was ist mit dir?«, fragte ich.

»Ich weiß nicht, wie ich das alles schaffen soll. Bis wir die Sieder alle befragt haben! Und die ganz normalen Festbesucher von gestern Abend haben wir auch noch am Hals.«

»Warum pfeifst du nicht Berger aus dem Urlaub zurück?«

Keller schüttelte den Kopf. »Dauert zu lange. Der ist mit einem Freund an den Gardasee. Schon am Donnerstag.«

An den Gardasee? Wo sich auch Susan vergnügte? Am Donnerstag? Mit einem Freund? Und da fiel mir plötzlich auf, dass meine Liebste noch kein einziges Mal angerufen hatte.

»Wo am Gardasee?«, fragte ich so beiläufig wie möglich.

»Was weiß ich!«, raunzte Keller. »Sirmione, glaube ich.«

Sirmione! Wie Susan! Zufall? Konnte das sein: Susan und dieser Giftzwerg Berger? Bei Berger war alles möglich, wenn er mir eins auswischen konnte. Bei Susan war ich mir nicht sicher. Ich kannte sie noch nicht gut genug.

»Ruf ihn zurück. Sofort!«, verlangte ich.

Keller schaute mich verständnislos an und griff zum Handy.

»Na also«, sagte ich befriedigt.

»Ich rufe den Ersten Hofburschen an«, sagte Keller. Er überlegte. »Du hast recht, Berger muss zurückkommen. Bis der große Trubel losgeht, kann er hier sein.«

Es gab für uns hier nichts weiter zu tun. Also schlenderten wir langsam zurück zum Marktplatz. Karin erwog ernsthaft, andere Schuhe anzuziehen. Als sie die Schulgasse hochkraxelte, hatten sich ihre Überlegungen fast zur Gewissheit verdichtet. Sonja und ihre Kleine verabschiedeten sich. Sie wollten sich umhören, sagten sie.

Wir bummelten über den Markt, geruhsam diesmal, wie es sich gehörte, und achteten brav darauf, den Menschen mit ihren vollen Körben auszuweichen. Karin war angemessen angetan von dem Marktangebot.

»Das ist ja fast wie auf dem Viktualienmarkt!«, rief sie.

Das »fast« nahm ich ihr übel. »Der Haller Markt ist mit nichts zu vergleichen«, erklärte ich ihr. »Du kriegst hier alles. Normal, Bio, Demeter. Und immer frisch. Frischer als bei euch in der Großstadt. Weil die Bauern ihr Gemüse nicht tagelang besprühen müssen, bis sie's endlich verkauft haben. Hier geht alles an einem Vormittag weg.«

Sie sah mich spöttisch an. »Übertreib es mal nicht mit deinem Lokalpatriotismus!«

»Das ist kein Lokalpatriotismus«, protestierte ich, »das ist praktische Erfahrung. Die Erfahrung des leidenschaftlichen Kochs.«

»Der seine Leidenschaft leider nur einmal an mich verschwendet«, erwiderte sie.

»Diese nicht, mein Engel«, sagte ich, »nicht an diesem Wochenende. Andere Leidenschaften schon.«

»Da lasse ich mich gerne überraschen«, meinte Karin grinsend. »Glaubst du, zwischen den beiden Morden besteht ein Zusammenhang?«, fragte sie dann.

»Schwer zu sagen. Der einzige Zusammenhang bisher ist, dass beide Opfer Sieder sind.«

»Das kann auch Zufall sein. Ich habe gestern Abend viele Sieder gesehen.«

»Lass uns später darüber reden. Hier hören zu viele Ohren mit.«

Der Markt war voll wie immer. Lange Schlangen vor den Ständen, in den Gassen Gedränge. Zu den üblichen Marktbesuchern kamen die Touristen, die immer wieder stehenblieben und nach oben schauten, die Freitreppe vor St. Michael bewunderten, das Rathaus, die Fachwerkhäuser. Trödler und Schlenderer. Verkehrsbehinderer.

Sie hielten ihre Digitalkameras auf Armeslänge vor sich und brauchten ewig, bis sie den richtigen Ausschnitt gefunden hatten. Kollektives Surren, wenn die Auslöser gedrückt wurden. So mancher Schubser, den sie erdulden mussten, war nicht ganz unabsichtlich. Die Haller wollten einkaufen, und zwar ungestört. Die meisten Bilder waren im ersten Anlauf verwackelt, aber das war ja heutzutage nicht so schlimm, man konnte das Bild ja gleich kontrollieren und noch eins machen. Und es war Zeit, unendlich viel Zeit, bis das Siedersfest so richtig losging.

Ich schob mich durch die Menge, eine Schale Erdbeeren fest im Blick. Ich hatte sie gerade bezahlt und wollte sie in einer Plastiktüte verstauen, als ich rüde angerempelt wurde. Die Erdbeeren kullerten auf den Boden und machten sich auf dem leicht abschüssigen Marktplatz fröhlich hüpfend davon. Ihr einziges Bestreben war es, als Mus unter den Füßen der Marktbesucher zu enden.

Was sollte das denn? Ich drehte mich wütend um zu dem Mann, der verantwortlich war. Hielt der mich etwa für einen Touri? Doch dieser Granatenseggel hatte offenbar keine Ahnung, was er angerichtet hatte, oder es war ihm egal. Er schlurfte verkniffenen Gesichtes davon, ohne sich umzudrehen. Ich überlegte kurz, ob ich ihm die letzten drei Erdbeeren, die in der Schale verblieben waren, hinterherwerfen sollte, gab den Gedanken aber schnell wieder auf. Ich war mir meiner Zielgenauigkeit nicht sicher, und Fehlwürfe hätten eine Katastrophe auslösen können. Nicht auszudenken, wenn eine Erdbeere auf einer kostbaren Touristenkamera landen würde.

Ich hatte den Kerl schon mal gesehen, so kam's mir vor, konnte ihn aber nicht unterbringen.

Resigniert kaufte ich eine neue Schale und hielt sie fest umklammert.

»Probier mal!«, sagte ich und hielt Karin die Schachtel hin. »Hohenloher Erdbeeren. Frisch vom Feld.«

»Du isst die ungewaschen?«

»Klar. Die sind nicht gespritzt. Bioware. Hohenlohe ist die Hochburg des Bioanbaus, wusstest du das nicht?«

Karin ließ sich überzeugen.

Um ihr zu zeigen, wie weltstädtisch es in der hohenlohischen Provinz zugeht, lud ich sie an den Fischstand ein. Die übliche Gruppe der Samstagsgourmets hatte sich bereits eingefunden.

»Sechs Austern, zweimal Prosecco«, orderte ich.

»Prost!«, sagte die Runde.

Der Steuerberater fragte: »Schon gehört?« Er mampfte ein Brötchen mit Räucherlachs.

Ich stellte mich dumm. »Was denn?«

»Die kleine Frobel ist ermordet worden«, sagte er.

»Schrecklich, ja. Kanntest du sie?«

»Flüchtig. Vom Sehen. Aber ich kenne ihre Eltern gut«, sagte er. Wen kannte er nicht? Er stammte selbst aus einer Siedersfamilie, die meisten Sieder waren seine Kunden. Die Haller Seilschaften.

Keiner der anderen, stellte sich heraus, kannte Andrea

Frobel. Das war eine andere Generation, die hier versammelt war. Trotzdem startete ich einen Versuch.

»Sie soll ja mit einem gewissen Freddy zusammen gewesen sein.«

Keiner wusste etwas davon. Keiner kannte einen Freddy. Dass wir geradewegs von der Leiche Ronald Seiferhelds kamen, verschwieg ich. Ich wollte ihnen die Stimmung nicht verderben. Sie würden es noch früh genug erfahren.

Endlich stellte ich Karin vor. Die Männer waren schon ganz hibbelig.

»Besuch aus München«, erklärte ich.

»Da haben Sie sich aber einen schlechten Termin ausgesucht, um Schwäbisch Hall kennenzulernen«, sagte der Schreibwarenhändler, ein gepflegter Mann, dem man seine sechzig nicht ansah. »Die Sieder versauen das ganze Wochenende.«

Lautstarke Proteste ringsum.

»Das kann auch nur ein Rei'gschmeckter sagen«, ereiferte sich der Steuerberater. Alles an ihm war rund, die Nase, die Backen, der Bauch. Er hatte ja auch eine doppelte Portion Lachs auf seinem Brötchen. »Die haben kein Gespür für Tradition.«

»Was ist denn daran Tradition? Das ist doch bloß Folklore für die Touristen!«

»Wir zeigen den Touristen unsere Vergangenheit.«

»Eben. Vergangenheit. Alles längst vorbei. Das hat keine Bedeutung mehr. Interessiert keinen Menschen.«

»Die Tausende, die am Wochenende kommen, wohl schon«, gab der Anwalt zu bedenken. Er hatte einen nervösen Tick und zwinkerte mit dem rechten Auge.

»Die sehen ein farbenprächtiges und lautes Spektakel. Aber was hat das mit Tradition zu tun?«

Der Architekt schaltete sich ein. Er war ein bedächtiger Mann mit sorgfältig gestutztem Vollbart und leuchtenden Augen.

»Wir Sieder leben in dieser Tradition. Seit Jahrhunderten schon und immer noch. Auch wenn wir kein Salz mehr sieden, wir sind stolz auf unsere Vergangenheit. Und die Stadt kann stolz sein, dass sie uns hat.«

»Muss Tradition so laut sein? Und so lange dauern? Einmal durch die Stadt marschieren und fertig, meinetwegen. Aber doch nicht drei Tage lang!«

»Wenn wir schon feiern, dann richtig. Außerdem ist der Ablauf des Festes alter Brauch«, erklärte der Architekt.

»Der nichts mehr zu bedeuten hat.«

»Für uns schon. Aber das versteht einer wie du nicht. Du hast kein Bewusstsein für Brauchtum. Und für das, was unsere Vorväter geleistet haben.«

»Wir nehmen unsere Traditionen noch ernst.« Das kam vom Steuerberater.

»Zu ernst manchmal.«

»Früher hätte man einen wie dich aus der Stadt gejagt. Ohne Prozess!«, schmunzelte der Anwalt. Sein Auge zwinkerte heftig.

»Sollte man jetzt auch tun«, empfahl der Steuerberater.

»Ich gehe freiwillig«, erwiderte der Schreibwarenhändler. »Ich bin weg übers Wochenende. Ich düse hinunter zum Gardasee, da habe ich meine Ruhe.«

Der Gardasee war an diesem Wochenende offenbar der Sammelpunkt für alle siedersgeschädigten Haller.

»Da ist auch Trubel.«

»Aber wenigstens ohne Tschingderassabumm.«

»Lasst ihn, bei dem ist Hopfen und Malz verloren.«

»Lauter Lokalpatrioten. Nicht zurechnungsfähig«, murmelte der Schreibwarenhändler.

Ich bestellte noch zwei Austern für mich.

»Du musst es nötig haben«, grinste der Fischhändler mit Blick auf Karin. »Da muss ich ja glatt der Dame auch zwei spendieren, damit sie nicht ins Hintertreffen gerät.«

»Für mich bitte vier«, sagte Karin und lächelte mich an.

Allgemeines Gegröle. Karin hatte die Männerwelt fest im Griff, wie üblich.

Am lautesten lachte eine Frau in Rosa, eine feine Dame hoch in den Siebzigern, pensionierte Ärztin, stadtbekannt für ihre ausgeflippte Kleidung, die selbst manchen Teenager ausstach. Heute trug sie einen Hosenanzug in schrillem Rosa und knallgelbe Slipper.

»Für mich fünf!«, rief sie schrill.

»Wenn's hilft«, meinte der Fischhändler.

An diesem Samstag wurde sein Austernkorb schnell leer und der Prosecco nicht minder. Karin lächelte und war freundlich, und die Männer umschwirrten sie wie die Motten das Licht.

Der Fischhändler zwinkerte mir zu: »Wenn du die jeden Samstag mitbringst, kriegst du Provision.«

Auch die normalen Kunden, die nur ihren Rotbarsch, ihren Seeteufel oder ihre Dorade wollten, ließen sich von der ausgelassenen Stimmung anstecken. Am Fischwagen ging es laut und fröhlich zu. Noch keiner wusste von dem zweiten Mord, und den ersten hatte man für den Moment einfach auf die Seite geschoben. Das Leben ging weiter. Das war keine Herzlosigkeit. Es war nur Selbstschutz.

Ich hatte meinen linken Arm um Karins Schulter gelegt, wir gaben das traute Paar, was mich freilich keine allzu große Überwindung kostete. Ich genoss die Sonne, die flirrende Atmosphäre und den Prosecco.

Aus der Oberen Herrngasse sah ich Isabel kommen. Die attraktivste und wahrscheinlich gerissenste Immobilienmaklerin im Hohenloher Land mit ihrem kunstvoll-wirren roten Haarschopf erfasste die Situation mit einem Blick.

Sie kam auf mich zu. Küsschen links, Küsschen rechts. Ein wenig intensiver, als es unter guten Freunden üblich ist. Schmeckte da ein Rest Vergangenheit heraus? Es musste nichts besagen, aber ich kannte Isabel.

Ich war verwirrt und stellte nur knapp vor: »Isabel Walz, Karin Brunner.«

Die beiden Frauen nickten sich zu und musterten sich. Sie wussten nichts voneinander, aber mit untrüglichem weiblichem Spürsinn schätzen sie einander richtig ein und erkannten eine unbestimmte Situation.

Isabel wusste von Susan, so wie sie von den anderen davor gewusst hatte, sie hatte nie ein Wort darüber verloren, warum auch, unsere kurze Affäre war vorbei, wir waren Freunde, nichts weiter. Allerdings schien sie Karin als Gefahr zu sehen. Aber wofür?

Ich betrachtete die beiden Frauen. Beide waren ausnehmend attraktiv und das, was man einmal sexy genannt hatte, wenn auch jede auf eine andere Art. Isabel verbreitete exotisches Flair, Karin verströmte elektrisierende Sinnlichkeit. Sie waren sich ähnlich und doch grundverschieden. Wo sie auftauchten, war der Mittelpunkt. Sie zogen sofort alle Aufmerksamkeit auf sich, aber sie erzeugten sie auf unterschiedliche Art. Isabel setzte sich in Szene, Karin war die Szene. Beide waren schlank, Isabel von Natur aus knochig, Karin etwas kompakter. Beide wussten sich so anzuziehen, dass ihre Reize vollendet, aber unaufdringlich zur Geltung kamen. Den Busenwettstreit gewann Karin mit einer Körbchengröße.

Beide waren Vergangenheit, Bruchstücke meines bisweilen chaotischen Liebeslebens, und hätte ich mich jetzt für eine von ihnen entscheiden müssen, hätte ich nicht gewusst, für welche. Aber das stand ja auch nicht zur Debatte.

Oder doch?

»Du kannst mir ruhig auch ein paar Austern spendieren«, sagte Isabel.

»Was machst denn du in der Stadt?«, fragte ich sie. Ich wusste, dass sie von den Siedern nichts wissen wollte.

»Geschäfte. Und außerdem, einer muss ja auf dich aufpassen.«

»Aufpassen?«

»Gefahren lauern überall.« Ein abschätziger Blick auf Karin.

»Nur gut«, entgegnete diese, »dass wir Münchnerinnen vom täglichen Kampf im Großstadtdschungel gestählt sind und nicht so furchtsam wie die Landeier. Ich werde ihn schon beschützen.«

»Es geht doch nichts über ein geschmackvolles, natürlich aufgewachsenes Landei.« Isabel hängte sich an meine rechte Seite.

Worauf lief denn das hinaus? Zwei von meinen Exen im Zickenkrieg? Das konnte nur die Hitze sein. Und nun mischten sich auch noch die anderen ein.

»Jetzt schaut euch mal den Dillinger an. Gleich zwei Frauen im Arm!«

»Ob er sich da nicht etwas übernimmt?«

»Er ist ja noch jung.«

»Deswegen die vielen Austern.«

Die Situation begann mich zu überfordern.

»Komm, Karin, wir müssen weiter«, sagte ich entschieden und machte mich von Isabel los.

Doch so leicht ließ die sich nicht abschütteln. Sie hatte sich entschlossen, eine Show abzuziehen, von der ich nicht wusste, worauf sie abzielte. Wir hatten doch nichts mehr miteinander, schon lange nicht mehr, und wir hatten das beide so gewollt! Sie küsste mich auf den Mund. Ich hielt die Lippen fest geschlossen.

»Man sieht sich«, trällerte Isabel, schüttelte ihre rote Mähne und wackelte hüftschwingend davon.

Die Affenbande um uns herum applaudierte. Jetzt wurde es mir zu blöd. Ich zog Karin mit mir fort. Die Kommentare in unserem Rücken überhörte ich. Wir gingen die wenigen Schritte über den Markt zu ihrem Hotel. Die Sonne knallte gnadenlos, das Gemüse, das an den Ständen übrig geblieben war, streckte alle Blätter von sich.

Der Lokalpoet kam uns entgegen. Aus seinem Einkaufskorb lugte das Grün von frischen Karotten. Schiller schnupperte angeblich an faulen Äpfeln, um sich Inspiration zu holen. Unser Lokalpoet schien stattdessen Karotten zu knabbern.

Eine dunkle Wolke schob sich vor die Sonne. Der Lokalpoet blickte gen Himmel, ließ seinen Einkaufskorb fallen und holte einen Notizblock hervor.

»Schwarzes Gewitter droht / Über dem Hügel. / Das alte Lied der Grille / Erstirbt im Feld«, hörte ich ihn murmeln.

Er hatte sehr viele Karotten in seinem Korb.

Die Wolke zog gemächlich weiter und gab die Sonne wieder frei.

Unter den großen Schirmen war es stickig wie in einem Gewächshaus. Die Verkäufer sahen aus wie ihre restliche Ware.

Ich hatte mich in einem heftigen Anfall von Selbstdisziplin mit zwei Gläsern Prosecco begnügt. Ich wusste, welche Wirkung die in der Hitze hatten.

Karin war nicht so zurückhaltend gewesen und merklich angeschickert. Und das mittags um zwölf.

»Hattest du mal was mit dieser Isabel?« Sie nuschelte etwas.

»Ja.«

»Und? Wie war's?«

»Kurz. Heftig. Anstrengend.«

»Hast du das nicht auch über mich gesagt?«

»Anscheinend stolpere ich immer über die gleichen Frauen.« Und über Leichen. Aber das sagte ich jetzt nicht.

Ich schaute zum Himmel. Was da ab und an unschuldig vorbeizog, waren vermutlich die Quellwolken, von denen der Wetterbericht gesprochen hatte. Ich kannte mich da nicht so aus. Aber meine Erfahrung sagte mir, dass die an dieser erbärmlichen Schwüle schuld sein mussten.

Karin schwankte leicht. »Oje«, sagte sie, »war vielleicht doch etwas viel. Ich muss mich erst mal hinlegen.«
Ich lachte.
»Das habe ich gern. Jetzt bist du schon mal in Schwäbisch Hall, und dann verbringst du die Zeit im Bett.«
Karin war offenbar ziemlich angeschlagen. Sie ließ sich die Chance zu einer anzüglichen Antwort entgehen. Sie sagte gar nichts mehr. Die Lage war ernst.
Ich lieferte sie an ihrer Zimmertür ab, schloss für sie auf und ging brav und leicht verärgert in meine eigene Wohnung. So hatte ich mir unser Wochenende nicht vorgestellt.
Tante Olga war nicht da. Ich duschte ausgiebig, holte mir eine Flasche Mineralwasser, legte mich nackt, wie ich war, zum Abdampfen auf mein Sofa und dachte nach. Die Schweißperlen, die mir aus allen Poren rannen, waren schneller als meine Gedanken.
Alle Theorien über die Morde und einen möglichen Zusammenhang zwischen beiden verbot ich mir. Spekulationen hatten keinen Sinn, solange ich nicht irgendwelche Fakten hatte. Ich überlegte, wo ich bei meinen Nachforschungen ansetzen sollte. Ich hatte einige Leute aus Andreas Freundeskreis kennengelernt. Aber nur flüchtig – so flüchtig wie unsere kurze Beziehung. Ich kannte einige vom Sehen und würde sie wiedererkennen. Namen wusste ich keine, oder sie waren mir entfallen. Der einzige Anhaltspunkt waren die Sieder.

Irgendwann musste ich eingeschlafen sein. Mich weckte eine energische Stimme: »Jetzt schau dir diesen Haderlump an! Am helllichten Tag auf dem Sofa liegen und pennen. Und um mich kümmert er sich wieder mal nicht!«
Jedes der Worte wurde vom Pochen des Stockschirms begleitet. Tante Olga! Die hatte ich ganz vergessen. Ich ließ besser die Augen noch zu.

»Entschuldige«, murmelte ich, »es war so viel los heute Morgen.«

»Ich bin wirklich empört, dass ihr mir nichts von den beiden Morden gesagt habt, obwohl dieser Kommissar mit am Tisch saß.«

»Wir wollten dich nicht beunruhigen.«

»Beunruhigen? Hast du gedacht, ich kriege das Fracksausen? Da passiert einmal etwas Spannendes, und keiner sagt mir was.«

»Jetzt weißt du's ja.«

»Die ganze Stadt spricht davon. Und diese Andrea muss ja ein ziemliches Früchtchen gewesen sein. Hat's wohl mit jedem getrieben.«

»Tantchen, die Zeiten sind anders als in deiner Jugend. Andrea wollte das Leben genießen. Und sie hat ausprobiert, wer am besten zu ihr passt. Sie hat es garantiert nicht mit jedem getrieben.«

»Du sollst auch mal was mit ihr gehabt haben.«

»Wer sagt denn das?«

»Die ganze Stadt.«

Ich weigerte mich, die Augen zu öffnen. Ich fühlte mich leicht benommen. Offensichtlich wurde ich doch allmählich alt. Früher hätte mich Prosecco am Morgen nicht so umgehauen.

»So, so, die ganze Stadt. Dann ist die Stadt aber schlecht informiert. Ich hatte nichts mit ihr, wir waren nur flüchtig befreundet.«

»Mir kann's ja auch egal sein, das ist deine Sache. Die Karin passt sowieso viel besser zu dir. Das ist eine feine Frau! Du bist ein Allmachtsdackel, wenn du sie nicht festhältst.«

»Tantchen!«

»Ich will mich ja nicht in deine Angelegenheiten mischen …«

»Dafür wäre ich dir auch sehr verbunden.«

»... aber vielleicht solltest du dir allmählich mal etwas anziehen.«

Ich schreckte hoch. Ich hatte völlig vergessen, in welchem Zustand ich auf dem Sofa lag.

»Das ist mir jetzt aber peinlich«, sagte ich verlegen.

»Mir nicht«, schmunzelte Tante Olga. »Ich hatte ja schon fast vergessen, wie ein Mann aussieht. Bei deinem Anblick könnte man fast wieder jung werden.«

Was war denn los heute? Jetzt baggerte mich auch noch meine achtundsiebzigjährige Tante an! Lag das an der Hitze?

»Wie spät ist es denn?«, fragte ich.

»Gleich zwei.«

»Dann müssen wir uns sputen.«

Ich stieg ein weiteres Mal unter die Dusche. Bei diesem Wetter sollte man in kurzen Hosen herumlaufen, aber das ging nicht, ich war ja schließlich kein Tourist. Ich wählte meine leichte weiße Stoffhose von Boss und dazu ein hellgraues Seidenhemd, das ich vor Urzeiten mal erstanden hatte, heutzutage gab es so was ja kaum noch. Dabei liebe ich diesen feinen Hauch auf meiner Haut.

»Komm mit, Tantchen, wir holen Karin ab. Und dann geht das Programm ja auch bald los.«

Wir gingen vor zum Marktplatz. Ich war schon wieder nass geschwitzt, als wir bei dem Hotel waren.

Keller kam gleichzeitig mit mir an. Er hatte heute ein feines Gespür, wo er mich finden konnte. Oder suchte er gar nicht mich?

»Wo ist deine Staatsanwältin?«, fragte er.

»Macht ein Nickerchen.«

»Es gibt Neuigkeiten, die sie bestimmt auch interessieren. Du solltest sie wecken.«

»Ich? Sie wecken? Aus ihrem Schönheitsschlaf? Ich bin doch nicht lebensmüde. Weck sie selber.«

Keller zögerte.

»Das Erkerzimmer im zweiten Stock. Ich gebe euch eine Stunde, dann gehe ich nach Hause.«

Keller ging tatsächlich ins Hotel. Aber nicht die Treppe hinauf, sondern zum Telefon an der Rezeption. Er musste es lange klingeln lassen.

Ich setzte mich derweil unter einen Sonnenschirm im »Café am Markt«. Das entwickelte sich zu unserer Stammkneipe an diesem Wochenende.

»Sie kommt«, sagte Keller. »Sie macht sich nur noch frisch.«

Ich stöhnte. »Weißt du, wie lange das dauern kann? Das war einer unserer Dauerstreitpunkte damals. Wir kamen zu jeder Verabredung mindestens eine halbe Stunde zu spät.«

»Frauen!«, sagte Keller. Aber er sagte es nicht abfällig wie sonst, sondern lächelte dabei. Verständnisvoll.

Ich schaute ihn misstrauisch an. Zur Abschreckung erzählte ich ihm, was Karin heute Mittag aus der Bahn geworfen hatte.

Er lächelte schon wieder. Mitfühlend.

»Wo habt ihr euch eigentlich kennengelernt?«, fragte er.

»Das würde ich auch gerne mal wissen«, mischte sich Tante Olga ein.

»In München bei einer Vorlesung.«

»Du hast mal Jura studiert?«, fragte er verblüfft. »Wusste ich gar nicht.«

»Du weißt von mir vieles nicht«, antwortete ich. »Ja, habe ich. Aber nur ein paar Semester.«

»Warum hast du aufgehört?«

»Mir wurde es zu langweilig. Außerdem habe ich gemerkt, dass ich ein miserabler Jurist geworden wäre. Diese Logik ist mir zu verquer.«

»War es Liebe auf den ersten Blick?«

Seit wann, zum Teufel, interessierte sich Keller für meine Liebesgeschichten?

»Halb zog sie ihn, halb sank er hin. Na ja, dreiviertel gezogen, würde ich sagen. Karin greift kurzentschlossen zu, wenn sie etwas will. Und ich war damals sehr unbedarft.«

»Bei der Karin hättest du bleiben sollen«, sagte Tante Olga, »und nicht diese komische Roswitha heiraten.«

»Du scheinst diese schlimme Erfahrung gut verdaut zu haben«, grinste Keller.

Jetzt fragt er mich gleich nach Einzelheiten, dachte ich. Keller war alles zuzutrauen. Vor allem, da er sich ernsthaft für Karin zu interessieren schien. Es war ja gut, wenn er sich aus seinem Elfenbeinturm herauswagte. Aber musste es ausgerechnet Karin sein? Andererseits: Warum eigentlich nicht?

Da kam das Objekt unserer Begierden auf uns zu. Die Frau hatte ein erstaunliches Regenerationsvermögen. Sie wirkte frisch und war perfekt gestylt.

Karin hatte die Farben umgedreht. Sie trug jetzt einen malvenfarbenen Seidenrock, der leicht um ihre Beine schwang. Das weiße Top mit den Spaghettiträgern ließ den Bauchnabel frei und schmiegte sich um ihren Busen. Karin ging offensichtlich eifrig ins Fitnessstudio. An ihrem Bauch und ihren Oberarmen war nichts auszusetzen. Das Make-up war dezent, aber wirkungsvoll. Ihr Blondschopf war vielleicht etwas wirrer als sonst, aber das konnte auch Absicht sein.

Keller starrte sie hingerissen an. Ich schaute auf ihre Füße und war zufrieden. Die Schuhe waren kopfsteinpflastertauglich.

Karin gab Tante Olga ein Küsschen auf die Wange und setzte sich gut gelaunt zu uns.

»So, Jungs, ich bin wieder fit. Was gibt's Neues?«

»Keller hat es bei deinem Anblick die Sprache verschlagen«, meinte ich grinsend.

Und tatsächlich schien es so, als würde Keller aus weiter

Ferne in die Gegenwart zurückgeholt. Der Mann war überarbeitet, klar, und dann dieses Wetter! Oder?

Keller räusperte sich. »Wir haben die Sieder befragt und auch die anderen Besucher und können jetzt den Ablauf gestern Abend rekonstruieren. In groben Umrissen wenigstens.«

»Hach, ist das spannend!«, rief Tante Olga.

Eigentlich kein Thema, das man an einem öffentlichen Ort diskutieren sollte. Aber wir saßen etwas abseits, und Keller sprach gedämpft.

»Die Sieder hatten ja gestern Abend ihre Auftaktveranstaltung in Sulzdorf.«

»Auftaktveranstaltung?«, fragte Karin.

»Traditionsgemäß ist der Auftakt zum Pfingstfest am Freitagabend in einem der Haller Stadtteile«, erläuterte ich.

»Und das hast du mir vorenthalten?«

Ich winkte ab. »Was du da gesehen hättest, siehst du in den nächsten Tagen noch mehrmals.«

Keller fuhr fort: »Einige der Jüngeren seilten sich ab, sobald es machbar war, und gingen auf den Unterwöhrd. Rock statt Fanfaren. Auch dabei: Andrea.«

»Und Ronald?«, fragte Karin.

»Ronald und Andrea waren ein Siederstanzpaar. Und wohl auch sonst ein Pärchen.«

»Seit wann das denn?«, erkundigte ich mich.

»Das wusste keiner ganz genau. Jedenfalls noch nicht lange. Die Angaben schwanken zwischen einer und drei Wochen. Der eine hat es früher mitbekommen, der andere später.«

»Und was ist mit Freddy?«, wollte ich wissen.

»Eins nach dem andern«, sagte Keller. »Andrea und Ronald scheinen sich gestritten zu haben an dem Abend. Ronald ging nicht mit Andrea zum Unterwöhrd. Er kam erst später mit den anderen.«

»Ein ernster Streit?«
»Das wusste keiner. Oder keiner wollte es sagen. Auf alle Fälle wohl ernst genug. Andrea wirkte bedrückt.«
»Von dem Streit oder von was anderem?«, warf ich ein.
»Was meinst du damit?«, erwiderte Keller.
»Wir können ja wohl davon ausgehen«, sagte ich, »dass das keine Zufallsmorde waren. Ich glaube nicht, dass da einer durchgeknallt ist. Nicht zweimal so kurz hintereinander. Die beiden Morde stehen in einem Zusammenhang. Der Mörder hat gezielt zugeschlagen.«
»Pure Hypothese«, verwarf Karin den Gedanken.
»Arbeitshypothese«, konterte ich.
»Als Arbeitshypothese brauchbar«, unterstützte Keller mich. »Andrea war, wie gesagt, bedrückt, hing noch eine Zeit lang mit den andern rum und wollte dann alleine im Park spazieren gehen.«
»Leichtsinnig«, sagte Karin. »Alleine mitten in der Nacht.«
»Karin, wir sind hier in Schwäbisch Hall, nicht in München«, sagte ich. »Außerdem wimmelte es von Menschen, wie du selber weißt. Was übrigens für meine Arbeitshypothese spricht. Triebtäter und sonstige Verrückte meiden eine belebte Gegend.«
»Wann kam Ronald?«, fragte Karin.
»Das Dumme ist, dass wir den Abend zeitlich nicht genau eingrenzen können. Keiner hat auf die Uhr geschaut. Wir haben nur die Abläufe und können allenfalls anhand der Todeszeitpunkte Rückschlüsse ziehen. Was aber im Moment nicht sonderlich relevant ist.«
Nach Kellers Recherchen war Ronald später mit ein paar Kumpels zum Unterwöhrd gekommen. Andrea hielt sich von ihm fern. Irgendwann war sie verschwunden. Ronald machte sich auf die Suche nach ihr – möglicherweise, um sich wieder mit ihr zu versöhnen. Dass beide nicht mehr zurückkamen, fiel im allgemeinen Trubel niemandem auf.

Vielleicht dachten sie auch, die beiden hätten sich glücklich vereint zurückgezogen.

»Er muss praktisch an der Leiche von Andrea vorbeigegangen sein«, sagte ich nachdenklich. »Er hätte sie sogar finden können.«

»Oder andersrum«, sagte Karin. »Ronald überrascht Andrea beim Ihr-wisst-schon-was, es kommt zu einer Szene, und Ronald dreht durch.«

»Nicht einmal als Arbeitshypothese tauglich«, verwarf ich ihren Gedanken. »Dann hätte sich ihr Liebhaber schon längst gemeldet. Und wie erklärst du dir dann den Mord an Ronald?«

»Wie wäre es damit: Ronald wartet, bis die beiden fertig sind, oder kommt hinzu, als sie schon fertig sind, ist ja egal, erwürgt Andrea aus Eifersucht, ihr Liebhaber kriegt das irgendwie mit, geht Ronald nach und bringt ihn um.«

»Du hast eine blühende Phantasie.«

»Vielleicht hat das eine mit dem anderen auch gar nichts zu tun?«, schlug Karin vor.

»Zu viel der Zufälle«, sagte ich.

Auch Keller verzog skeptisch das Gesicht.

»Nun guckt nicht so«, verteidigte sich Karin. »Man darf doch mal herumspinnen.«

»Das sind die Nachwirkungen des Prosecco«, sagte ich.

Karin funkelte mich an. »Typisch Dillinger. Ein Gentleman würde nie über den Ausrutscher einer Dame sprechen.«

Unangenehme Wahrheiten überhört man besser. Deshalb wandte ich mich an Keller: »Wie geht's jetzt weiter?«

»Routinebefragungen«, sagte er. »Wir suchen nach allen Hinweisen aus dem Umfeld. Ich denke, dass Andrea ihren Mörder gekannt hat.«

»Gibt es dafür irgendeinen Beweis?«

»Nein. Allenfalls die Tatsache, dass es keine Kampfspuren gab. Es ist so ein Gefühl.«

»Was ist mit Freddy?«, fragte ich.

»Der ominöse Freddy«, erwiderte Keller. »Jeder weiß, dass da was gelaufen ist, aber keiner kann Näheres sagen. Andrea scheint ihren Freddy nicht groß herumgezeigt zu haben.«

»Das war auch besser so. Das ist kein Mann zum Vorzeigen«, sagte Tante Olga, die bisher nur still dagesessen und zugehört hatte.

Die Aufmerksamkeit aller war ihr gewiss. Wir starrten sie an.

»Dieser Freddy ist ein Krimineller. Er soll auch mit Drogen handeln.«

»Woher willst du das wissen?«, fragte ich.

»Das erzählt man sich so.«

»Wer hat dir das erzählt?«

»Weiß ich nicht. Ich kenne die Leute ja nicht.«

»Woher weißt du überhaupt von Freddy?«

»Man erfährt viel, wenn man einfach zuhört, was die Leute reden.«

Da hatte sie recht. Auf dem Wochenmarkt traf sich halb Schwäbisch Hall. Die Hälfte der Zeit verbrachte man mit Einkaufen, die andere mit Tratschen. Der Markt war immer noch Treffpunkt und Nachrichtenbörse, wie seit alters her.

»Das war ein höchst interessanter Vormittag«, sagte Tante Olga befriedigt. »Wo ihr mich vorhin doch allein gelassen habt. Ich bin sogar zum Abendessen eingeladen worden.«

»Von wem dem?«

»Weiß ich nicht. Ich habe auch noch nicht zugesagt. Man muss die Männer ein bisschen zappeln lassen, gell, Karin? Außerdem bin ich mir noch nicht im Klaren, ob er nicht zu alt ist für mich.«

»Tante, da hast du dir aber eine einmalige Gelegenheit entgehen lassen. Wer weiß, ob du ihn noch mal triffst.«

»Bestimmt. Wir werden uns noch oft über den Weg laufen an diesem Wochenende, hat er gesagt. Er ist Hallhauptmann oder so.«

Hallhauptmann?

»Du meinst wahrscheinlich Haalhauptmann.«

»Kann auch sein. Was ist denn das?«

»So etwas wie der Häuptling der alteingesessenen Sieder. Wie sah er denn aus?«

»Stattliche Figur. Weiße Haare. Und sehr charmant. Ein beeindruckender Mann.«

»Und eine Knubbelnase?«

»Genau!«

Zu alt für sie? Wenn es der war, an den ich dachte, war er einige Jahre jünger als Tante Olga. Die hatte vielleicht Vorstellungen!

»Habt ihr in den Wohnungen irgendwelche Hinweise gefunden?«, fragte ich Keller.

»Wir sind noch dabei, sie auseinanderzunehmen. Ich muss gleich rüber.«

Keller stand auf.

»Wir kommen mit«, sagte ich entschlossen.

Keller zögerte. Karin erhob sich ebenfalls, hakte sich bei ihm ein und strahlte ihn an: »Dann mal los!«

Gegen so viel Charme war Keller machtlos.

»Und ich?«, klagte Tante Olga. »Wollt ihr mich schon wieder alleine sitzenlassen?«

»Für dich beginnt jetzt das Programm, Tantchen.«

Keller und Karin gingen vorneweg, ich folgte langsam mit Tante Olga.

Wir gingen über den Sulfersteg auf den Unterwöhrd. Ich fand für Tante Olga eine freie Bank im Schatten der Bäume.

»Hier bleibst du und wartest, bis wir wiederkommen«, sagte ich streng. »Zum Gucken gibt es ja genügend.«

Der Programmpunkt hieß »Lagerleben auf dem Grasbödele«.

Die Katharinenvorstadt »jenseits Kochens«, also auf der anderen Seite des Kochers, war einst das Handwerkerviertel gewesen und zunehmend verfallen. Mittlerweile hatten die Sanierungsmaßnahmen jedoch gegriffen, die Vorstadt war zu einem bevorzugten Wohngebiet mit multikulturellem Flair geworden. Auch einige von der lokalen Prominenz wohnten dort, inmitten von Handwerkern, kleinen Läden, Kneipen und Häusern, die noch auf ihre Renovierung warteten.

Andrea hatte eine kleine Dachgeschosswohnung in der Langen Straße, dort, wo sich die ältesten Häuser der Stadt befanden. Es waren nur zwei Zimmer mit Bad und Kochnische. Ich war nie dort gewesen.

Die Einrichtung war eine Mischung aus Kinderzimmerresten, Sperrmüll und Ikea. Ganz gemütlich eigentlich, aber Andrea war offensichtlich noch auf der Suche nach einem eigenen Stil gewesen.

Im Schlafzimmer standen ein breites Bett und ein gut gefüllter Kleiderschrank. Im Wohnzimmer ein kleiner Esstisch mit zwei Stühlen, ein Sessel, eine Regalwand mit Fernseher, Stereoanlage, allerlei Kleinmädchen-Krimskrams, vielen CDs und DVDs und wenig Büchern. In den engen Raum hatte sie noch einen weiteren Tisch gequetscht, auf dem ein Notebook lag.

Ich schaute mir die paar Bücher an. Über Literatur hatten wir uns nie unterhalten und hätten es auch nicht gekonnt, das sah ich auf einen Blick. Der Großteil ihrer Bibliothek bestand aus dieser verkrampft fröhlichen Frauenliteratur, die sich in den Buchhandlungen stapelte.

Ich blätterte in einem der Bücher. Und diesen Flachsinn las jemand freiwillig? Na ja, junge Mädchen wie Andrea vielleicht. Hatte sie daraus ihr Weltbild bezogen?

Karin kam auf mich zu. »Was liest du denn da?«

Ich zeigte es ihr.

Sie gluckste. »Das ist gut! Unheimlich witzig.«

Hm. Sollte ich vielleicht doch mal lesen, womöglich würde ich dann die Frauen besser verstehen. Aber dann würde ich die Bücher im Internet bestellen. Ich konnte mir die Kommentare meines Buchhändlers ausmalen.

Andrea war nicht sonderlich ordentlich gewesen. Oder hatte in den letzten Tagen wenig Zeit gehabt. In beiden Zimmern lagen Kleider herum, in der Spüle stapelte sich schmutziges Geschirr. Sie war noch in der Tiefkühlpizza-Phase gewesen. Für den Rest der Unordnung waren wohl die Kriminaltechniker verantwortlich, die die Wohnung gründlich unter die Lupe nahmen.

Ich nahm mir, mit der gnädigen Erlaubnis von Keller, den Computer vor. Sie hatten ihn vermutlich schon geprüft, sonst hätte mich Keller nicht gelassen.

Ich fand ein paar harmlose Spiele und sonst nichts. Andrea schien hauptsächlich im Internet gesurft zu haben. Ich schaute mir den Verlauf an. Nichts Ungewöhnliches. Amazon, einige Shopping-Adressen, Web-Seiten mit knackigen jungen Burschen von der soften Sorte. Ich stellte Vergleiche an und klickte die Seite dann schnell weg. Es war zu frustrierend.

Irgendwie hatte ich Hemmungen, in Andreas Postfach herumzustöbern, es erschien mir zu intim. Meine Skrupel waren unnötig, der Mailverkehr war nicht groß und vollkommen harmlos, einschließlich der Mails, die ich ihr mal geschrieben hatte. Ich verwendete wenigstens meinen Klarnamen, während die meisten anderen idiotische Nicknames benutzten, die witzig klingen sollten.

Keller schaute mir gerade über die Schulter und sagte: »Da findest du nichts, das haben wir schon überprüft.«

Ich hatte auch nicht erwartet, auf eine Mail vom Mörder zu stoßen, sondern wollte nur mein Bild von Andrea abrunden. Die Seiten an ihr entdecken, die mir verborgen geblieben waren. Vielleicht waren sie der Schlüssel zu ihrem Tod. Die Mails taugten dazu allerdings nicht.

Karin stand an der Seite und schaute sich aufmerksam um. Ich sah ihr an, dass sie sich ein Bild zu machen versuchte, wie ein Mädchen, das ermordet im Park gefunden worden war, gelebt, gefühlt, gedacht haben mochte.

Die Wohnung gab nicht viel her. Sie war eher ein Nachtquartier für eine junge Frau, die viel Wert auf ihr Äußeres gelegt, aber ansonsten keine ausgeprägten Interessen gehabt hatte. Außer den Siedern.

Neben dem Computertisch stand ein Papierkorb. Ich leerte ihn aus. Reklame, eine Zahlungsaufforderung für eine unbezahlte Rechnung. Und ein zerknüllter Zettel. Ich faltete ihn auseinander, las und reichte ihn wortlos Keller.

Er nahm ihn mit spitzen Fingern und las vor: »Heute Abend wie verabredet. Sonst!!!«

Mit Kuli geschrieben. Ungelenke Schrift. Entweder war das ein ungeübter Schreiber, oder er hatte seine Schrift verstellt.

»Na also«, sagte Keller befriedigt, »die Mühe hat sich doch gelohnt. Das könnte mal ein Beweisstück werden. Mit deinen Fingerabdrücken drauf!«

»Nur schade, dass der Absender fehlt«, gab ich zurück.

»Jedenfalls«, schaltete sich Karin ein, »können wir nun davon ausgehen, dass Andrea mit ihrem Mörder verabredet war.«

»Gewagte Hypothese«, warf ich ein. »Welcher Mörder schickt schon eine Einladung, die dann später gegen ihn verwendet werden kann? So blöd ist man nicht einmal hier bei uns in Schwäbisch Hall.«

»Zweitens«, fuhr Karin unbeeindruckt fort, »können wir davon ausgehen, dass dies kein geplanter Mord war, sondern ein Mord im Affekt. Welcher Mörder schickt schon eine Einladung, die dann ...«

Keller zuckte mit den Schultern. »Eine Hypothese ist so gut wie jede andere, solange wir nicht mehr Anhaltspunkte haben.«

Einer der Techniker winkte Keller zu sich herüber und hielt einen Beutel mit weißem Pulver in die Höhe.

»Allmählich wird es interessant«, murmelte Keller.

»Dope?«, fragte ich.

Der Techniker nickte. »Marihuana. Etwa ein Kilo.«

»Wo haben Sie das gefunden?«

»Ganz klassisch im Spülbecken der Toilette.«

Also dort, wo jeder sofort suchen würde.

»Ungefähr die gleiche Menge haben wir in der Wohnung von Ronald Seiferheld entdeckt«, informierte Keller uns. »Und das ist ein bisschen viel für den Eigenverbrauch.«

»Das glaube ich nicht!«

»Was glaubst du nicht?«

»Dass Andrea gedealt hat.«

»Warum nicht? Mit den Siedern hätte sie einen guten Kundenkreis gehabt. Mach dir doch nichts vor. Hie und da mal eine Tüte ist doch nichts Ungewöhnliches heutzutage. Das gibt dir den nötigen Schwung. Vor allem, wenn man anstrengende Tage vor sich hat wie an diesem Wochenende.«

Ich schüttelte den Kopf. »Das passt nicht zu Andrea.«

»Hast du sie so gut gekannt?«

Hatte ich nicht, zugegeben. Aber konnte man sich in einem Menschen so täuschen, selbst wenn man nicht in die letzten Winkelzüge seiner Seele geschaut hatte? Andrea war lebenslustig, sie war auf neue Erfahrungen aus. Auch mal Dope auszuprobieren mochte dazugehört haben. Aber sie hätte nicht mit dem Zeugs gehandelt, niemals! So gut, bildete ich mir ein, hatte ich sie gekannt.

Karin schaute mich an. Mitleidig fast. »Das bringt uns wieder auf Freddy«, sagte sie. »Hat Olga nicht gesagt, dass er dealt?«

»Tante Olga! Du wirst doch nicht alles glauben, was sie so aufschnappt!«

»Es würde passen. Freddy versorgt Andrea mit dem

Stoff, und Andrea spannt Ronald mit ein. Vielleicht war die Geschichte zwischen Andrea und Freddy keine Liebesbeziehung, sondern eine Geschäftsbeziehung. Das würde auch erklären, warum sie sich mit ihm nicht sehen lassen wollte. Wenn selbst Olga hört, dass er dealt, wissen das andere auch.«

»Und warum sollte er sie dann umgebracht haben?«

»Du weißt selber, dass es in der Szene rau zugeht.«

»Mir deuten zu viele Spuren auf diesen Freddy hin.«

»Wenn wir davon ausgehen, dass der Mord spontan geschehen ist, dann ist das nicht verwunderlich«, schaltete sich Keller ein.

»Freddy hätte genügend Zeit gehabt, das Dope aus Andreas Wohnung verschwinden zu lassen. Und auch den Zettel, wenn er von ihm stammt. So schnell wart ihr nicht hier.«

»Das ist ein Argument«, gab Keller zu.

»Jetzt will ich's aber wirklich wissen«, sagte ich entschlossen und verließ Andreas Wohnung. Karin folgte mir.

»Wo willst du hin?«, rief Keller mir hinterher. Ich gab keine Antwort.

Es waren keine fünf Minuten hinüber zum Unterwöhrd.

Am Himmel zog mittlerweile langsam eine große, schwarze Wolke vorbei. Da baute sich etwas auf. Ich konnte förmlich spüren, wie die Luft heruntergedrückt wurde.

Tante Olga saß nicht mehr auf ihrer Bank. Ich hätte es mir denken können. Wir lehnten uns ans Geländer und schauten dem Treiben auf dem Grasbödele zu.

Das Grasbödele, eine kleine Insel zwischen zwei Kocherarmen, war an diesem Wochenende für Normalsterbliche Sperrgebiet. Es war der Sammelpunkt der Sieder und ihr Spielplatz, wo morgen die touristischen Hauptattraktionen stattfinden würden.

Auch jetzt inszenierte man zur Erheiterung des Publikums ein bisschen Lagerleben. Die Sieder in ihrer Montur saßen da und tranken Wein. Einige hatten sich dekorativ im Gras verteilt, ein paar Kinder sprangen herum. Auf einem riesigen Grill brutzelten Würste und Steaks, über einem offenen Feuer drehte sich ein Braten am Spieß.

Viel Lagerleben war nicht. Es waren auch noch nicht viele Zuschauer da. Ihnen fiel wahrscheinlich nicht auf, dass die Stimmung auf dem Grasbödele gedämpft war. Man spulte ein Programm ab und hielt es auf Sparflamme. Die meisten hatten sich unter dem Bogen des Steinernen Stegs in den Schatten verzogen und unterhielten sich. Ich konnte mir denken, worüber.

Mir gingen allerlei Gedanken durch den Kopf. War Andrea wirklich in eine Drogengeschichte hineingezogen worden?

Karin schaute zu, was sich so tat.

»Wie ist es eigentlich zu diesem Siedersfest gekommen?«, unterbrach Karin schließlich unser Schweigen.

»Mein Stichwort. Dazu kann ich viel erzählen.«

»Mach's bitte kurz.«

»Am Anfang steht eine Legende. Die gibt es in mehreren Varianten. Mir gefällt diese am besten: Im Jahr 1316, in der Nacht vom 28. auf den 29. Juni, der Nacht vor Peter und Paul, tobt ein Gewitter über der Reichsstadt. Am Haalplatz bewachen die Sieder die Feuer, die Tag und Nacht in Gang gehalten werden müssen, als sie das laute Geschrei eines Gockels hören. Die Siedersburschen gehen der Sache nach und sehen, dass die Dorfmühle lichterloh brennt. Sie löschen den Brand und retten den Müller und seine Familie. Zum Dank stiftet der Müller einen neunzig Pfund schweren Kuchen, der zum Anlass eines alljährlichen Festes genommen wird, ›solange diese Stadt steht‹.«

»Hübsche Geschichte. Ist sie denn auch wahr?«

»Hübsche Geschichten sind nie wahr. In Wirklichkeit

war das Siedersfest ein stinknormales Zunftfest, wie es seinerzeit viele Handwerkszweige abgehalten haben. Im Lauf der Zeit hat sich dann ein bestimmter Ablauf herausgeschält, der durch Festordnungen penibel geregelt ist.«

»Ohne Regeln können wir Deutsche nicht feiern, was?«

»Wir schlagen wohl gern über die Stränge. Wenn ich da an den Prosecco von heute Morgen denke ...«

»Das ist nicht fair, mich dauernd an meinen Ausrutscher zu erinnern.«

»Gut, reden wir über das Siedersfest. Als dann im Jahr 1907 ...«

»Nein!« Karin kreischte fast.

»Was hast du denn?«

»Es reicht mit den Jahreszahlen!«

»Aber die sind doch wichtig!«

Karin stöhnte. »Wenn ich gewusst hätte, mit wie viel Geschichte du mich zutextest, wäre ich an den Gardasee gefahren.«

Gardasee! Was hatten nur alle mit dem Gardasee? Ich war beleidigt. Wozu hatte ich mir das alles angelesen? Aber so schnell gibt Dillinger nicht auf.

»Geht nicht anders. Um zu verstehen, was hier abgeht, ist ein wenig historischer Hintergrund hilfreich.«

»Ich finde die Gegenwart viel interessanter. Was ist das Fest heute? Tradition? Brauchtum? Folklore? Touristenattraktion?«

»Von allem etwas. Und vor allem Touristenattraktion. Das Spektakel schauen sich immerhin dreißigtausend Leute an. Einschließlich einer hinreißenden Staatsanwältin aus München.«

»Hinreißend? Wie putzig!«

Sie zog meinen Kopf zu sich heran und gab mir einen sittlichen Kuss.

»Mehr davon!«, verlangte ich.

»Aber nicht doch! Wenn das Tante Olga sieht!«

»Die würde sich freuen. Wo steckt sie überhaupt? Vielleicht drüben bei der Trinkstube?«

Wir schlenderten zum Epinalsteg, wo man die mittelalterliche Trinkstube »Zum Schwarzen Hannes« aufgebaut hatte.

»Gibt es für die Trinkstube auch einen geschichtlichen Hintergrund?«

»Klar.«

»Nein!«

»Doch. Dir zuliebe gerafft. Was die Bastille für Paris, das ist die Trinkstube für Hall.«

»Revolution? Richtig mit Säbelrasseln und Köpferollen?«

»Sanfter. Wir sind schließlich in Hohenlohe. Im Jahr 1509 wurde die erste bürgerliche Trinkstube gegründet, als Gegenpol zur adligen.«

»Aha. Und was war daran das Revolutionäre?«, fragte Karin. Sie hing fasziniert an meinen Lippen, bildete ich mir ein.

»Langfristig brachte die Auseinandersetzung einen tiefgreifenden Wandel mit sich. Der Einfluss des Adels sank drastisch. Da siehst du mal, was aus einer Kneipenkeilerei alles entstehen kann. Und du musst auch bedenken, dass ...«

Karin verschloss mir den Mund mit einem Kuss.

»Danke, dass du meine Ausführungen so zu würdigen weißt.«

»Das scheint mir die einzige Möglichkeit, deinen dozierenden Redefluss zu unterbrechen.«

»Interessant. Diese Geschichte ging übrigens als Zweite Zwietracht in die Annalen ein. Mit der Ersten verhielt es sich nämlich so. Damals kam es ...«

Ich wurde abermals unterbrochen.

»Also, es war im Jahr 1340 ...«

Ich konnte nicht weiterreden.

»Ich habe noch viele Geschichten auf Lager!«

»Noch eine, und ich fahre!«, drohte Karin. Das war ernst zu nehmen.

In der Trinkstube orderte ich ein Schnittlauchbrot und ein Fassbier. Meinem Magen war aufgefallen, dass er zu Mittag außer ein paar Austern noch nichts bekommen hatte.

Wir saßen unter Mönchen, Bauersfrauen und Landsknechten. Es ging laut und deftig zu. Die Würfelbecher klapperten, man sang Trinklieder und zankte sich.

Der Scharfrichter setzte sich dazu, in gehörigem Abstand zu den anderen. Um seinen Kopf trug er einen blutgetränkten Verband. Man verhöhnte ihn. Bei der letzten Hinrichtung hatte er drei Versuche gebraucht, bis der Kopf endlich gefallen war. Das Volk ahndete die miserable Leistung mit Steinwürfen. Dabei hatte er noch Glück gehabt. So mancher Scharfrichter war seinerzeit nach einer verpatzten Exekution von den Zuschauern an den nächsten Baum geknüpft worden.

Ich dachte an Andrea und Ronald. Die Spielgruppe, die diese Szenen darbot, wahrscheinlich auch. Und es waren bestimmt keine sehr freundlichen Gedanken. Unter den Siedern musste sich eine ungeheure Wut aufgestaut haben. Wehe dem Mörder, wenn sie ihn in die Finger bekämen! Im Mittelalter hätte man kurzen Prozess mit ihm gemacht. Nur im Mittelalter?

An einem Nebentisch hatte eine lautstarke Auseinandersetzung begonnen. Ich verstand nicht, worum es ging, und amüsierte mich wie die anderen, als die beiden Streithähne aufsprangen und sich gegenseitig an die Gurgel gingen.

Plötzlich wurde es ganz still. Die anderen Spieler ließen die Würfelbecher stehen und die Laute sinken. Sie starrten wie gebannt auf die beiden.

»Und? Wo warst du gestern Abend?«, schrie der eine, hochrot im Gesicht. Er hielt seinen Kontrahenten am Kragen gepackt. »Du bist Andrea hinterhergegangen, das hab ich gesehen!«

»Blödsinn!« Der andere versuchte vergeblich, sich aus dem Griff zu befreien. »Ich war pinkeln!«

»Du warst eifersüchtig, weil sie dich hat abblitzen lassen!«

Der erste schlug dem anderen die Beine weg, und beide wälzten sich auf dem Boden.

»Red keinen Scheiß!«, wütete der zweite. »Du hättest sie ja selber gern gehabt!«

Das Ganze artete in eine mittelprächtige Prügelei aus. Die Schockstarre der anderen Spieler löste sich. Mehrere stürzten herbei und trennten die beiden. Sie redeten beruhigend auf sie ein und führten sie auf die Seite.

Das Publikum lachte und applaudierte. Die Zuschauer hielten es für gut gespielt und wussten nicht, dass es ernst war. Ich schaute mich um nach jemandem, den ich kannte. Ich entdeckte Fritz Schübelin, den Leiter der Spielszenen. Lebensversicherung, Auto, Hausrat. Er sprach eindringlich mit seinen Leuten und schickte sie wieder auf ihre Plätze in der Trinkstube. Die Zuschauer wollten unterhalten werden. Aber die Stimmung war vorerst weg. Schließlich handelte es sich ja nicht um Schauspielprofis. Zögernd stimmte einer ein Lied an, die anderen fielen ein. Es dauerte eine Weile, bis alle den richtigen Ton gefunden hatten.

Ich ging hinüber zu Schübelin. Er war ein Mann in den Sechzigern, aber topfit. Die Spielgruppe war sein Leben. Jetzt war er grau im Gesicht und sah so alt aus, wie er war.

»Wer waren denn die zwei?«

»Was?«, antwortete er zerstreut. Er beobachtete seine Leute.

»Die sich da eben gezofft haben.«

»Steffen Harlung und Boris Stadtmann.«

»Und? Ist da was dran?«

»Wodran?«

»Dass die sich an Andrea rangemacht hatten.«
Er zuckte mit den Schultern. »Da wären sie nicht die Einzigen.«
»War Andrea so umworben?«
»Du hast sie doch gekannt. Sie war die hübscheste Siederstochter weit und breit und nicht in festen Händen.«
»Ich dachte, sie war mit Ronald zusammen?«
»Das ging ja noch nicht so lange. Und musste auch nichts Festes sein. Entschuldige, ich habe zu tun.«
Er eilte davon, während Karin und ich ein paar Stufen hinauf auf die kleine Terrasse neben dem Hällisch-Fränkischen Museum gingen. Hier hatte man eine Siedehütte nachgebaut. Unter einer großen Pfanne loderten Holzscheite, darin blubberte eine trübe Flüssigkeit: die Sole. Ein Sieder in Arbeitskleidung bewegte eine große Holzkrücke und schob damit das ausgefallene Salz an den Pfannenrand.
»Ziemlich heiß hier«, sagte Karin.
Es war sogar unerträglich heiß. Von oben brannte die Sonne, von unten heizte das Feuer. Kein Wunder, dass die Sieder immer durstig waren.
»Da können Sie sich ungefähr vorstellen, wie angenehm es damals in den Siedehütten war«, sagte der Sieder, während er unablässig weiterrührte. »Salzsieden war harte Arbeit. Sechzehn Stunden hat ein Sud gedauert, die Sieder haben sich in Schichten von sechs Stunden abgewechselt.«
»Und das jeden Tag?«
»Von Montag elf Uhr bis Samstag neunzehn Uhr.«
Das Salz türmte sich als schmutziggraue Masse am Rand der Pfanne. Auf das aufwändige Reinigen und Klären verzichtete man. Es war ja nur ein Schausieden.
Wir schauten von der Siedehütte hinab auf den Kocher, der hier über ein Wehr donnerte, hinüber zum Grasbödele, wo die Sieder immer noch Lagerleben spielten und ab und an einen Böllerschuss in die Luft jagten. Auf dem Unter-

wöhrd waren immer noch nicht allzu viele Leute zugange. Die meisten saßen im Schatten unter den Bäumen. Das Globe-Theater versteckte sich hinter einem dichten Blätterwald. Gleich links davon hatten wir Andrea gefunden. Karin dachte wohl das Gleiche wie ich.

»Wer, Dillinger, wer?«, murmelte sie, damit es nicht jeder hörte. »Wer hat das getan?«

»Im Moment deutet alles auf Freddy hin.«

»Das Motiv ist etwas unklar. Hast du das Motiv, dann hast du auch den Täter.«

»Danke, Frau Staatsanwältin, für die Belehrung. Und wenn es doch einer auf die Sieder abgesehen hat?«

»Warum?«

»Du hast heute Morgen auf dem Markt Volkes Stimme gehört. Nicht jeder steht hinter den Siedern. Manchen sind sie lästig.«

»Zwei Leute umbringen, weil an Pfingsten die Post abgeht und die Ruhe dahin ist?«

»Vielleicht ist auch jemand neidisch, weil er nicht dazugehört.«

»Du hast auch schon mal besser herumgesponnen.«

»Ich zerfließe in dieser Hitze. Ihr Frauen habt es gut mit euren leichten Röcken.«

»Sollten die Männer auch tragen.«

»Die meisten Männer müssten zu Umstandsmode greifen.«

»Du nicht.«

»Ich bin ein gut gebauter, bestens trainierter Mittdreißiger, der allmählich Hunger hat.«

»Du hattest doch eben ein Schnittlauchbrot?«

»Was ist schon ein Schnittlauchbrot für einen gestandenen Mann? Mich verlangt nach richtiger Atzung.«

»Dort drüben gibt es eine Würstchenbude.«

»Pfui! Ich habe einen Ruf als Feinschmecker zu verteidigen.«

»Gilt das auch in Bezug auf Frauen?«
»Klar. Schau dich doch an.«
»Und Isabel?«
»Das war jetzt unfair. Und ich habe nicht die Absicht, mich für Isabel zu entschuldigen.«
»Eine bemerkenswerte Frau.«
»Auch für Andrea muss ich mich nicht entschuldigen. Sie war so quirlig, so neugierig – einfach so erfrischend.«
»Und warum ist nicht mehr daraus geworden?«
»Ich hatte mal eine Beziehung mit einem Mädchen im ähnlichen Alter. War ein ziemliches Desaster. Sicher, Andrea war völlig anders als Helena, aber trotzdem, der Altersunterschied war zu groß. Das passte einfach nicht zusammen.«
»Stimmt, und du bist ja noch nicht in dem Alter, in dem du dich durch junge Freundinnen beweisen musst.«
»Alter ist eben relativ. Für Tante Olga sind wir beide blutjung. Für mich war Andrea blutjung. Und ich kam mir plötzlich ungeheuer alt vor. Dabei bin ich doch ein Mann in den besten Jahren, oder?«
»In den allerbesten. Spätestens in diesen sollte man allmählich daran denken, eine Familie zu gründen.«
»Lassen wir das. Ich habe mich schon damit abgefunden, dass ich alt und einsam sterbe.«
»Alt vielleicht. Aber nicht einsam. Ich bin auch im allerbesten Alter. Wir beide werden immer im allerbesten Alter sein.«
Wir schlenderten wieder zurück.
»Was ist damals schiefgelaufen zwischen uns?«, sinnierte ich.
»Ist das so wichtig? Das ist Vergangenheit.«
»Manchmal ist die Vergangenheit wichtig für die Zukunft.«
»Aus Fehlern lernen?«
»So ungefähr.«

»Du kannst nichts lernen. Du bleibst immer der Gleiche.«
»Ganz schön erschreckend irgendwie.«
»Mit deinen Charakterzügen musst du leben lernen. Du kannst sie allenfalls verfeinern.«
»Und was sind meine Charakterzüge?«
Karin schwieg.
»Danke. Offenbar habe ich keine.«
»Ich überlege noch.«
»Was gibt es da zu überlegen? Wir haben ... wie lange? Ein Jahr lang haben wir zusammengelebt. Du müsstest mich kennen.«
»Ich weiß, was ich an dir gemocht habe und was mich gestört hat. Damals. Aber ob das wirklich du warst? Oder ob das nur meine Projektionen waren? Ich weiß es nicht. Ich weiß auch nicht, ob mich heute die gleichen Dinge freuen oder ärgern würden wie damals. Wahrscheinlich sind es andere. Nicht weil du dich geändert hast oder ich mich geändert habe. Sondern weil ich mich besser kenne.«
Eigentlich die besten Voraussetzungen für ein glückliches Leben, so eine unterbrochene und wieder aufgenommene Beziehung. Man läuft nicht Gefahr, sich an den immer gleichen Ärgernissen zu reiben.
Dillinger, sagte meine innere Stimme, du bist auf dem besten Weg, melancholisch zu werden. Du wolltest ein paar nette Tage mit einer alten Freundin verbringen, fröhliche Tage, unbeschwerte Tage. Und nun hast du zwei Leichen am Hals, dazu noch zwei ehemalige Freundinnen und eine aktuelle, und außerdem denkst du über dich nach. Wenn du nun auch noch über den Sinn des Lebens sinnierst, wer weiß, wo das endet.
Die innere Stimme war ziemlich laut geworden. Das machte die Hitze. Und der Hunger. Mittlerweile waren wir wieder auf dem Unterwöhrd angelangt. Der Lokalpoet schlurfte vorbei, in leicht gebückter Haltung, geistesabwesend wie immer. Er konnte seine Gedanken wenigstens

in Worte fassen, gemeißelt wie in Stein. Verstand zwar keiner, aber egal.

Er murmelte vor sich hin: »Trennen wollten wir uns? wähnten es gut und klug? / Da wirs taten, warum schreckte, wie Mord, die Tat?«

Aus seiner Hosentasche lugte eine Karotte. Die Ode an die Sieder war wohl noch nicht fertig.

»Glaubst du, die Sieder halten das durch? So zu tun, als wäre nichts?«, fragte Karin.

»Die Sieder waren schon immer harte Burschen. Ich denke schon, dass sie das packen. Wenn nicht noch was passiert.«

»Mal den Teufel nicht an die Wand!«

Vom Grasbödele wehte verführerischer Grillduft herüber. Geduldig drehte ein Sieder den Spieß überm Feuer.

»Ich habe wirklich einen Bärenhunger. Und wenn ein Mann Hunger hat, wird er unleidlich.«

»Du wirst dich gedulden müssen. Es ist erst vier Uhr.«

Hinterm Grasbödele reihten sich die Fachwerkhäuser entlang des Kochers, dahinter kletterte die Stadt den Hügel hinauf. Man sah die Spitzen des Rathauses und von St. Michael und den alles überragenden Neubau.

»Eine imposante Kulisse.«

»Endlich bemerkst du es! Der Feuerzangenbowlenblick.«

»Wie bitte?«

»In der ›Feuerzangenbowle‹ gibt es einen kurzen Schwenk über eine überaus romantische Stadt. Das war Schwäbisch Hall.«

»Wie kam Schwäbisch Hall denn zu der Ehre?«

»Vielleicht war es ganz prosaisch so, dass bei den Dreharbeiten mitten im Krieg keine andere alte Stadt zu finden war, die noch relativ ungeschoren geblieben war. Apropos alt: Wo ist eigentlich Tante Olga? Muss ich mir Sorgen machen?«

Karin lachte.

»Nicht um Olga! Ich mag sie. Sie ist amüsant.«

»Bisweilen. Aber sie ist achtundsiebzig.«

»Na und? Ihre Unbekümmertheit ist bemerkenswert, wir sollten uns daran ein Beispiel nehmen. Olga wird hier herumspazieren und neugierige Fragen stellen.«

»Das ist eine gute Idee. Dasselbe hatte ich eigentlich auch vor.«

Wir gingen am Kocher entlang zurück Richtung Sulferturm. Und ich sah eine Frau mit rotem Haarschopf auf uns zukommen. Isabel. Was stand mir jetzt bevor?

Die beiden Frauen sahen sich kühl an. Ich bekam kein Küsschen von Isabel. War sie jetzt beleidigt? Sie sah eher besorgt aus.

»Stimmt es, dass Ronald Seiferheld auch ermordet worden ist?«, fragte sie.

Ich nickte.

»Fuck! Ausgerechnet der!«

Ich sah sie erstaunt an. »Du hast ihn gekannt?«

»Ja.«

»Eigentlich nicht dein Typ. Du bist doch sonst eher wählerisch.«

Das war die pure Rache für ihren Auftritt heute Morgen, aber sie ließ sich nicht provozieren. »Es war rein geschäftlich.«

»Was hattest du rein geschäftlich mit Ronald Seiferheld zu tun? Wolltest du ihm eine Eigentumswohnung andrehen?«

»Ich wollte ihm ein paar Häuser abkaufen.«

»Das musst du mir erklären.«

Die Eltern von Ronald Seiferheld, erzählte Isabel, waren vor etwa einem halben Jahr bei einem Autounfall ums Leben gekommen. Ich erinnerte mich, die Geschichte war durch die Presse gegangen, aber ich hatte sie nicht mit Ronald in Verbindung gebracht.

Ronald war das einzige Kind und mithin der Alleinerbe.

Und es gab etwas zu erben, eine ganze Menge sogar. Vater wie Mutter stammten aus alten Siedersfamilien, die gut gewirtschaftet hatten, und Ronald Seiferheld war plötzlich der Besitzer von sechs Häusern in der Innenstadt von Schwäbisch Hall.

»Und die wollte er verkaufen?«, wunderte ich mich.

»Du weißt, wie das mit alten Häusern ist. Irgendwann lässt sich eine Renovierung nicht mehr vermeiden. Und das kann teuer werden, sehr teuer, weil du vorher nie weißt, was alles morsch ist.«

»Und da hast du ihm ganz selbstlos geholfen.«

»Nicht selbstlos, wo denkst du hin. Es wäre ein guter Deal für uns beide gewesen. Er verkauft zwei oder drei Häuser und kann mit dem Erlös die anderen problemlos renovieren. Und ich habe ein paar Liebhaberobjekte. Wohnen in alten Stadtmauern ist wieder beliebt.«

»Er hätte nicht verkaufen müssen. Für solche Objekte kriegst du von jeder Bank Geld.«

»Natürlich. Aber meine Art ist problemloser.«

»Hast du ihm zumindest eingeredet.«

»Davon hatte ich ihn fast überzeugt.«

»Fast?«

»Wir waren uns im Prinzip einig. Gestern Abend haben wir das mit Handschlag besiegelt. Aber unterschrieben hatten wir noch nichts. Das sollte nächste Woche geschehen, nach dem Siedersfest.«

»Pech für dich. Wer erbt jetzt?«

»Genau das ist mein Problem. Ich habe keine Ahnung. Ronald hatte keine Geschwister, keine Frau und keine Kinder. Vielleicht gibt es irgendeinen entfernten Verwandten.«

»Das müsste eigentlich schnell herauszufinden sein. Gehen wir zum Haalschreiber.«

»Wer oder was ist der Haalschreiber?«, fragte Karin, als wir in Richtung Haalamt davongingen.

»In der Vergangenheit oder in der Gegenwart?«

»Um Himmels willen, nur in der Gegenwart, bitte!«

»Heutzutage ist der Haalschreiber der Archivar und Buchhalter der Siedersfamilien. Aber um das zu verstehen, muss man in die Vergangenheit zurück.«

»Hoffentlich nicht zu weit«, stöhnte Karin.

»Sehr weit sogar.«

»Ist er bei dir auch immer so nervig?«, wandte sich Karin an Isabel.

»Er kann einem schon gehörig auf den Geist gehen«, meinte die grinsend.

»Er ist eitel und selbstgerecht.«

»Besserwisserisch.«

»Arrogant und selbstgefällig dazu.«

Die beiden Frauen hatten offenbar beschlossen, ihren Frieden miteinander zu machen. Sehr schön. Aber warum musste das auf meine Kosten geschehen? Die Rache ist mein, sprach Dillinger.

»Frauen reden, um zu reden. Männer, um etwas zu sagen.«

Die beiden Frauen heulten auf. Jetzt grinste ich. Karin war die Schlagfertigere: »Deshalb sind Männer so schweigsam. Weil sie nichts zu sagen haben.«

»Er ist und bleibt halt ein Macho.«

»Aber nur ein Provinzmacho.«

Die beiden hakten sich bei mir unter, links Karin, rechts Isabel. So ließ ich es mir gefallen.

»Machos gibt es nicht mehr«, erklärte ich. »Die sind mit den Drachen ausgestorben.«

»Seit wann gibt es keine Drachen mehr?«

»Die heutige Welt ist pussy whipped.«

»Igitt! Was ist das denn? Ist das ... äh ... mit Schlagsahne?«

»Ihr Mädels seid nicht auf dem neuesten Stand des Geschlechterkampfs. Das bedeutet frauendominiert. Unsere Welt heute ist frauendominiert.«

»Daran sind die Achtundsechziger schuld«, erwiderte Karin.

»Sagt wer?«

»Die Zeitung mit den großen Buchstaben. Oder vielmehr deren Chefredakteur.«

»Der muss es ja wissen, der hat das Ohr am Volk. Aber auf mich trifft das nicht zu. Ich bin die Generation danach«, erklärte ich.

»Da siehst du mal, wie lange die subversiven Kräfte wirken. Weicheier seid ihr geworden, ihr Männer.«

»Sagt wer?«

»Er«, erwiderte Karin.

»Da hat er sogar recht«, sekundierte Isabel.

»Wie wollt ihr Frauen uns Männer eigentlich haben? Weichei oder Macho?«

»Weder noch«, sagte Karin.

»Ein starker Mann muss doch kein Macho sein«, wurde sie von Isabel unterstützt.

Das lief jetzt auf eine Grundsatzdiskussion hinaus, der ich mich nicht gewachsen fühlte. Nicht mit leerem Magen. Nicht bei diesen Temperaturen. Mir wäre es lieber gewesen, die Mädels hätten sich wieder angezickt.

Aber wenigstens hatten sie erfolgreich meinen historischen Exkurs verhindert.

Mittlerweile waren wir vor dem Haalamt angelangt, einem kleinen Fachwerkhaus neben dem Sulferturm. Hier brütete der Haalschreiber über alten Akten, umgeben von einigen wenigen Ausstellungsstücken. Der Haalschreiber Dr. Peter Hubert war ein umgänglicher, korpulenter Mann, der geduldig die Fragen der wenigen Touristen beantwortete, die den Weg in das Haalamt gefunden hatten.

»Der württembergische König hat im neunzehnten Jahrhundert den Siedern ihre Siederechte abgekauft«, erklärte er gerade. »Als Entschädigung hat man ihnen eine immerwährende Rente zugestanden.«

Auch er kam nicht ohne den Griff in die Geschichte aus. Schadenfroh sah ich Karin und Isabel an. Bei mir konnten sie ja ablenken, beim Haalschreiber wagten sie es nicht.

»Diese Rente bekommen die Sieder noch immer und werden sie auch immer bekommen. Die Aufgabe des Haalschreibers ist es, anhand alter Genealogien auszurechnen, wie viel jeder erhält.«

»Nettes Zusatzeinkommen«, sagte einer der Besucher.

Der Haalschreiber schüttelte den Kopf.

»Die Gesamtsumme, die verteilt werden kann, war seinerzeit dreißigtausend Gulden. Das wurde dann später auf dreißigtausend Mark umgerechnet. Reich wird davon keiner. Aber das Geld ist auch nicht das Entscheidende. Wichtig ist das Anrecht, das die Sieder darauf haben.«

Der Besucher beugte sich über einen der dicken Folianten, die auf dem Tisch lagen. Generationen von Haalschreibern hatten hier die Genealogien der Familien penibel festgehalten: Hochzeiten, Geburten, Todesfälle.

Ich schaute dem Mann über die Schulter.

Die ganz alten Einträge mussten noch mit der Kielfeder geschrieben worden sein. Die neuesten Ergänzungen waren mit Kuli oder Bleistift.

Die Schrift von Dr. Peter Hubert konnte ich wenigstens lesen. Dafür hatte er sich längst nicht so viel Mühe gegeben wie seine Vorgänger. Die hatten die Buchstaben sorgfältig gemalt, kleine kalligrafische Kunstwerke. Ich konnte sie nicht entziffern.

Dem Besucher ging es genauso. »Dass Sie das lesen können!«, staunte er.

»Reine Übungssache«, erwiderte der Haalschreiber lächelnd.

Auf den Seiten waren nicht nur Namen, Geburts- und Todesdaten verzeichnet, auch lange Zahlenkolonnen mit Jahreszahlen.

»Hier rechne ich aus, welchen Anteil jeder Nachkomme eines Erbsieders erhält«, erläuterte er.

Ein Erbsieden, erzählte er, konnte nicht verkauft oder geteilt werden. In der Saline konnte aber immer nur einer arbeiten. Hatte ein Erbsieder zwei Kinder, wechselten sich die Geschwister ab: zum Beispiel drei Jahre der eine, drei Jahre der zweite, dann war wieder der erste an der Reihe. Entsprechend der damals festgelegten Reihenfolge werden auch heute noch die Renten ausgezahlt.

»Nun hatten die zwei Kinder des Erbsieders auch Kinder«, fuhr der Haalschreiber fort, »und diese ebenfalls Nachkommen. Also mussten die Siedenszeiträume unter den ganzen Nachfahren aufgeteilt werden. Deshalb kann es vorkommen, dass jemand erst in hundert Jahren wieder dran ist. Und dann hat er vielleicht nur einen Anspruch auf ein Achtundzwanzigtausendstel eines Siedens. Das ergibt dann eine Rente von weniger als einem Cent. Oder ein anderes Beispiel: Einer hat einen Anteil von 0,005 Schoppen, das sind etwa drei Milliliter Sole.«

»Das lohnt sich dann ja überhaupt nicht«, entfuhr es dem Besucher.

»Finanziell gesehen nicht. Im Durchschnitt gibt es fünfundzwanzig Euro. Es ist selten, dass mehr als zweihundert Euro ausbezahlt werden.«

»Und das müssen Sie wirklich jedes Jahr neu berechnen?«

»Jedes Jahr. Ständig ändert sich ja etwas. Eine Generation stirbt aus, dann sind deren Nachkommen an der Reihe, und schon wieder haben sich die Anteile geändert.«

Er griff sich einen der Folianten und schlug ihn auf.

»Hier sehen Sie beispielsweise die Erbfolge von einem Zweig der Familie Blinzig. Da gab es zum Beispiel einen Wilhelm Blinzig, Anfang des 16. Jahrhunderts. Der hatte zwei Schwestern. Margarete Blinzig heiratet einen Hans Geyer, Apollonia einen Ulrich Truller. Was sind nun deren

Nachkommen? Möglicherweise gibt es irgendwann auch wieder eine Verbindung zur Linie Wilhelm oder zu einer anderen Siedersfamilie, die Sieder haben ja gerne untereinander geheiratet.«

»Das scheint mir ganz schön kompliziert zu sein«, bemerkte Karin.

Der Haalschreiber lächelte sie an. »Warum sonst wäre ich ein ganzes Jahr beschäftigt, bis ich die Siedensrenten ausgerechnet habe?«

Der Besucher zückte seine Kamera und machte ein Foto von der Seite. Was er damit wohl anfing? Übers Sofa hängen? Dann ging er, um weiter die Leute zu bestaunen, von deren Vorfahren er in diesem Buch gelesen hatte.

Während die anderen Besucher untereinander tuschelten, nahm ich den Haalschreiber beiseite. Ich kannte ihn flüchtig, er war einer meiner Kunden.

»Ronald Seiferheld. Er ist tot.«

»Ich habe schon davon gehört.«

»Er hat keine Nachkommen. Wer erbt jetzt?«

»Weshalb fragen Sie das mich?«

»Weil Sie sich in den Stammbäumen der Sieder am besten auskennen. Sie haben die Bücher hier.«

»Und warum wollen Sie das wissen?«

»Ich will herausfinden, wer Andrea und Ronald ermordet hat. Vielleicht ist diese Information entscheidend.«

»Sollten Sie das nicht besser der Polizei überlassen?«

»Sie kennen mich doch. Und über kurz oder lang wird die Polizei Sie das Gleiche fragen.«

Der Haalschreiber schüttelte den Kopf. »Nein.«

»Was nein?«

»Ich kann Ihnen diese Information nicht geben.«

»Warum denn nicht?«

»Sehen Sie diesen alten Schwörstab hier? Damit wird der Haalschreiber auch heute noch bei seinem Amtsantritt auf Wahrheit, Gerechtigkeit und Vertraulichkeit vereidigt.«

»Schön. Aber jetzt zieren Sie sich doch nicht so. Was ist schon dabei, wenn Sie mir sagen, wer Ronald Seiferheld beerbt?«

»Nein!«

»Sind Sie immer so stur?«

Der Haalschreiber wurde richtig böse und funkelte mich an. »Ich glaube, Sie verstehen das immer noch nicht. Eher gibt ein Priester sein Beichtgeheimnis preis, als dass ein Haalschreiber solche vertraulichen Informationen an einen Nichtsiedensrentenberechtigten weitergibt.«

Ich funkelte zurück. »Und wenn die Polizei Sie das fragt?«

»Würde ich mich genauso weigern. Ich müsste mich erst vom Haalrat von meiner Schweigepflicht entbinden lassen.«

Die Runde ging eindeutig an ihn. Verdammt, mussten denn die Sieder wirklich so auf ihren Traditionen beharren? Mir dämmerte, dass sie es in mancher Beziehung ernster nahmen, als mir bislang bewusst gewesen war.

Ich überlegte, wie ich diese Festung doch noch knacken konnte, nur so aus persönlichem Ehrgeiz. Doch mir fielen keine Argumente ein, was mich ärgerte. Andererseits, Ronalds Erbe war nicht wirklich wichtig für mich, das war Isabels Problem.

Der Haalschreiber wandte sich Isabel zu und lächelte sie liebenswürdig an. »Freut mich, dass Sie mal das Haalamt besuchen, Frau Walz. Das bringt etwas Glanz in meine alte Hütte.«

Isabel schaute den Haalschreiber verwundert an.

»Bleiben Sie doch noch ein wenig, und leisten Sie mir Gesellschaft.«

Isabels Gesicht zeigte leichten Unwillen.

»Ich unterhalte mich gerne mit schönen Frauen.«

Was sollte denn das jetzt? Wollte der Haalschreiber etwa

mit Isabel flirten? Das kam aber nicht gut an. Isabel guckte abweisend und antwortete nicht.

Die Lippen des Haalschreibers umspielte ein leichtes Lächeln.

»Wie ist denn das Befinden Ihrer werten Frau Großmutter?«, fragte er.

Ging's noch geschwollener?

»Danke, gut«, antwortete Isabel, etwas frostig.

»Kunigunde Walz, geborene Bühl«, sagte der Haalschreiber versonnen. »Eine bemerkenswerte Frau, die es gewohnt ist, ihren Willen durchzusetzen, nicht wahr?«

Da ist der Apfel ja nicht weit vom Stamm gefallen, dachte ich. Isabel war sichtlich irritiert.

»Bis jetzt haben Sie von Ihrer Großmutter ja nur Ihren zweiten Vornamen geerbt.«

Es dauerte einige Zeit, bis bei mir der Groschen fiel. Dann prustete ich los. »Isabel Kunigunde? So heißt du wirklich?«

Und tatsächlich, Isabel lief rot an.

»Ich kann doch auch nichts dafür«, sagte sie kleinlaut. Der Haalschreiber lächelte. Die Überraschung war ihm gelungen.

»Ich muss mit Ihnen etwas besprechen, Frau Walz«, sagte er.

»Nicht jetzt«, erwiderte Isabel.

»Es ist aber wichtig.«

»Worum geht's denn?«

»Das ist sehr privat und vertraulich.« Dabei sah er mich an.

»Schon gut, ich hab's kapiert«, erwiderte ich. »Wir warten unten auf dich, Isabel.«

Aus dem dunklen, kühlen Haalamt traten wir hinaus in die Sonne. Wir setzten uns auf die dicke Mauer, die den Haalplatz umgab und hinter der der Kocher floss. Hier feierte sonst die Jugend ihre Wodka-Orgien, doch heute war niemand zu sehen. Die alte Mauer war meiner weißen Hose nicht sehr zuträglich, aber wir waren wenigstens im Schatten eines großen Kastanienbaums.

Keiner sagte ein Wort. Karin schien mir ungewohnt ernst. Das kam von der Hitze, dachte ich mir.

Ich ging hinüber zur Imbissbude Merz, einer Institution in Schwäbisch Hall, und holte uns etwas zu trinken. Begehrlich schaute ich auf die Bratwürste, Hamburger und Fischbrötchen. Aber ich widerstand mannhaft. Ich hätte mir nur auf die Hose getropft.

Es war nicht gerade der stillste Ort. Auf dem Rummelplatz vergnügten sich die Kids. Ich dachte daran, wie viel Geld ich in meiner Jugend hier gelassen hatte. Endlose Runden Boxauto und Karussell, um die Angebetete zu beeindrucken. Natürlich musste man sie immer einladen. So war es geblieben, nur dass es später statt Boxauto ein teures Abendessen war.

Karin schwieg immer noch. Sie starrte genauso vor sich hin wie ich.

Mich überkamen plötzlich unendliche Müdigkeit und Trauer und dann die Wut. Einst hatte sich ein kleines Mädchen namens Andrea Frobel auf dem Rummelplatz genauso amüsiert, wie es die Kinder heute taten. Aus dem kleinen Mädchen war eine Frau geworden, mit Träumen vom Leben. Und nun war ihr Leben vorbei, bevor es richtig begonnen hatte. Das Leben war so verdammt ungerecht. Mit Mühe schob ich meine Gedanken auf die Seite.

»Die bleiben aber lange drin. Was haben die bloß zu besprechen? Ob er ihr einen Heiratsantrag macht?«

»Manchmal kommst du mir ziemlich herzlos vor.«

Erstaunt sah ich Karin an. »Was soll das denn?«

»Da ist deine Freundin umgebracht worden ...«

»Sie war nicht meine Freundin.«

»Dann eben eine Frau, die du gut gekannt hast. Und du spielst hier die ganze Zeit den Clown.«

»Es gibt da einen schönen jüdischen Witz. Dem Moische seine Frau ist gestorben. Die Familie versammelt sich, großes Heulen und Wehklagen, aber wo ist Moische? Man findet ihn mit dem Dienstmädchen im Bett. Natürlich gibt es heftige Vorwürfe: Wie kannst du nur, Moische, die Leiche ist noch nicht mal richtig kalt, und du? Sagt Moische: Weiß ich, was ich tu in meinem Schmerz?«

»Ist der Witz politisch korrekt?«

»Mir egal. Dafür zeigt er, dass Trauerarbeit eine sehr individuelle Sache ist. In anderen Kulturen wird der Tod als freudiges Ereignis empfunden, als Beginn eines neuen, eines besseren Lebens. Man heult nicht, man feiert.«

»Entspricht ja auch ungefähr unserer christlichen Ideologie.«

»Schon vergessen? Wir sind alle Sünder, und beim Jüngsten Gericht wirst du schon deine Überraschungen erleben! Ist ja auch kein Wunder bei einem Kult, der eine Hinrichtung anbetet. Ein böser Mensch hat mal die Frage aufgeworfen, wie es denn in unseren Kirchen aussähe, wenn es zu Jesu Zeiten schon die Guillotine gegeben hätte.«

»Du willst aber jetzt nicht über Religion diskutieren, oder?«

»Besser nicht.«

An uns ging ein junges Pärchen vorbei, eng umschlungen. Besitzergreifend hatte er seinen Arm um ihre Schultern gelegt, ihre Hand steckte in der Gesäßtasche seiner Hose. Er flüsterte ihr etwas ins Ohr, sie lachte und drückte sich noch etwas enger an ihn

»Manchmal«, sagte ich, »haben banale Weisheiten schon ihren Sinn. Der Tod ist Teil des Lebens, kein Leben ohne Tod, und das Leben geht weiter, ein ständiges Kommen und Gehen. Es macht Andrea auch nicht wieder lebendig, wenn ich hier wie ein Trauerkloß herumlaufe.«

»So kenne ich dich gar nicht.«

»Man macht sich halt so seine Gedanken.«

»Du wirst erwachsen.«

»Irgendwann muss es ja mal sein.«

Ich sah Isabel aus dem Haalamt kommen und sprang auf. Ich hatte mir eine dumme Bemerkung wegen Kunigunde zurechtgelegt, behielt sie aber für mich. Isabel sah verstört aus.

»Was ist los? Schlimme Nachrichten?«

»Wie man's nimmt. Ich bin Erbsiederin«, erklärte Isabel. »Meine Großmutter hat meinen Vater und mich als Anwärter auf ihre Siedensrente angemeldet, ohne dass ich davon gewusst habe. Das kommt anscheinend häufiger vor, sagt der Haalschreiber.«

»Ich wusste gar nicht, dass du überhaupt aus einer Siedersfamilie stammst.«

»Ist ja auch nicht so wichtig.«

»Nicht wichtig? In Hall?«

»Nicht für jeden.«

»Gerade für dich. Du könntest dich der Siedersseilschaften bedienen.«

»Ich suche mir meine Seilschaften lieber selber aus.«

Isabel, die sonst wenig Skrupel kannte, wenn es um Geschäfte ging, hatte freiwillig auf das weitgesponnene Netz der großen Siedersfamilie verzichtet? Offensichtlich war ihre Abstammung ein wunder Punkt.

»Erzähl!«, forderte ich sie auf. »Von dir, von deiner Familie, von den Siedern.«

»Ich muss mich erst einmal setzen auf den Schreck.«

Wir gingen über den Sulfersteg hinüber auf den Unterwöhrd und suchten uns einen Platz im Schatten. Erwartungsvoll schauten wir Isabel an. Sie hatte Mühe, die richtigen Worte zu finden.

Ihre Großmutter, erzählte sie, entstammte, genau wie ihr längst verstorbener Großvater, einer jener Familien, die ihren Stammbaum bis weiß Gott wann zurückverfolgen konnten, und man hielt sich viel darauf zugute, zu einer so alten Siedersfamilie zu gehören. Isabel wurde von Oma Walz von klein auf eingeimpft, dass sie etwas Besonderes sei, nicht zu vergleichen mit den »normalen« Hallern. Ihr Vater hatte ins gleiche Horn gestoßen, das war allerdings wohl eher das Pflichtbewusstsein des guten Sohnes denn wirkliche Begeisterung gewesen. Er hatte nämlich einen ziemlichen Fauxpas begangen, indem er eine Nicht-Siederin geheiratet hatte.

»Das ist heutzutage noch wichtig?«, wunderte sich Karin.

»Meiner Großmutter war es wichtig. Und da die Mütter mit ihren Schwiegertöchtern ja sowieso nie zufrieden sind, lässt sie es meine Mutter auch immer wieder spüren.«

»Hat sie generell etwas gegen deine Mutter, oder liegt es daran, dass sie keine Siederin ist?«

»Ich glaube, das überlagert sich. Oder vielmehr, das eine ist ein Vorwand fürs andere.«

In ihrer Kindheit war Klein-Isabel durchaus angetan von der großen Siedersfamilie und allem, was dazugehörte. Wenn man in den prächtigen Trachten gemeinsam mit den anderen Kindern durch die Stadt zog, war das toll. Man war wichtig, und man gehörte dazu, im Gegensatz zu den anderen, die nur am Straßenrand standen und zuschauten. Das änderte sich jedoch, als Isabel in die Pubertät kam. Das Siedersgetue ging ihr plötzlich gewaltig auf den Geist – Beginn einer langsamen Abnabelung und dann einer radikalen Abkehr.

»Vielleicht war es zunächst nur eine pubertäre Trotzreaktion«, räumte Isabel ein. »Aber ich sah auch später keinen Anlass, meine Haltung zu ändern. Ich bin kein Gemeinschaftsmensch. Ich hasse die Zwänge, die dazugehören. Und was mich früher begeistert hatte, war mir nun suspekt. Es kam mir vor wie ... Heimattümelei.«

»Aber dahinter steht doch, wenn ich das richtig verstanden habe, eine lange Vergangenheit«, warf Karin ein.

»Die hat mir nichts bedeutet. Was soll die Vergangenheit? Mich interessiert die Gegenwart. Allenfalls noch die Zukunft.«

»Und jetzt«, sagte ich, »hat dich die Vergangenheit, die du nicht wolltest, wieder eingeholt.«

»Ich könnte das Erbe ablehnen.«

»Tust du's?«

»Weiß ich noch nicht. Ich muss in Ruhe darüber nachdenken. Wenn ich das Siederserbe ausschlage, ist das etwas Endgültiges. Man kann das nicht widerrufen.«

Da schau an, dachte ich, die harte, gnadenlose Isabel ließ das alles doch nicht so kalt, wie sie tat.

»Jedenfalls kriegt meine Großmutter ganz schön was zu hören. Die weiß doch, wie ich zu den Siedern stehe.«

»Jetzt kenne ich wenigstens eine echte Siederin«, sagte Karin.

»Und? Beeindruckt?«

»Eigentlich siehst du aus wie ein ganz normaler Mensch.«

»Das will ich auch hoffen«, erwiderte Isabel und schüttelte ihre rote Mähne.

»Hast du übrigens so rein zufällig nebenbei auch erfahren, wer nun Ronald Seiferheld beerbt?«

Isabel grinste. »Habe ich.«

»Na klar, du bist ja quasi jetzt auch rentenberechtigt, dann darf dir der Haalschreiber das sagen.«

»Dürfte er trotzdem nicht.«

»Also hast du ihn um den Finger gewickelt, ich kenne dich doch.«

»Das hat andere Gründe. Aber der Reihe nach. Schau mal, der Haalschreiber hat mir das aufgezeichnet. Bis vor zwei Wochen war die Erbin noch eine Dorothea Reitz. Dann ist die alte Dame gestorben. Der jetzige Erbe ist Wolfgang Dammbach.«

»Sofern es kein anderslautendes Testament gibt.«

»Für die Siedensanteile ist das ohne Belang. Zumindest für die erbfließenden. Die bleiben in der Familie.«

»Du kennst dich aber aus.«

»Ein bisschen was kriegt man schon mit in seiner Jugend.«

»Wie hängen Ronald Seiferheld und Wolfgang Dammbach zusammen?«

»Sie haben einen gemeinsamen Vorfahren einige Generationen zurück, Ende des 19. Jahrhunderts.«

»Da ist das gemeinsame Blut ja nur noch in homöopathischen Dosen vorhanden.«

»Etwas überspitzt formuliert stammt Dammbach aus einer verarmten Seitenlinie der Familie. Sein eigener Siedensanteil ist minimal. Aber nun kommt der Seiferheld-Anteil dazu. In früheren Zeiten wäre er jetzt ein gemachter Mann.«

Das Siedenserbe war nicht so interessant. Interessanter waren die sechs Häuser, die Ronald Seiferheld hinterließ – vorausgesetzt, die gesetzliche Erbfolge stimmte mit der Siedertradition überein. Das ließ sich herausfinden.

»Kennst du diesen Dammbach?«, fragte ich Isabel.

»Nein, noch nie von ihm gehört.«

Ich schaute auf die Listen, die der Haalschreiber erstellt hatte. »Da steht ja auch dein Name«, bemerkte ich verblüfft.

»Richtig. Und deshalb darf ich das auch wissen. Über einen Vorfahren aus dem 18. Jahrhundert bin ich mit Seiferheld und Dammbach verwandt.«

»Tja, so klein ist die Stadt«, sagte ich. »Jetzt werden wir uns mal bei den Siedern umhören. Komm, gehen wir zu deiner Verwandtschaft.«

Isabel schüttelte den Kopf. »Ich muss das alles erst mal verdauen«, murmelte sie. Da war offenbar einiges hochgespült worden, was sie längst begraben geglaubt hatte.

Vom Sulferturm aus, mit seinem torbewehrten Durchlass, ist noch die alte gepflasterte Furt durch den Kocher zu sehen, über die einst die Fuhrwerke in die Stadt kamen.

Für das Pfingstfest hatte man neben dem Sulfersteg eine Holzbrücke hinüber zum Grasbödele geschlagen, die Sieder wollten für ihre Auftritte schließlich nicht durch den Fluss waten.

»Du bekommst jetzt den VIP-Service«, sagte ich zu Karin. »An diesem Wochenende dürfen eigentlich nur Sieder auf das Grasbödele.«

Zwei von ihnen standen mit Hellebarden bewehrt vor dem Sulferturm und bewachten den Zugang.

Ich bilde mir ein, die Hälfte der Bevölkerung Schwäbisch Halls persönlich zu kennen. Die zwei gehörten zur anderen Hälfte. Ich war nicht sehr erfolgreich mit meinen Überredungsversuchen. Sie blieben freundlich, aber stur. Ich verstand sie ja. Da könnte jeder kommen, und bald würde es auf dem Grasbödele von Zuschauern nur so wimmeln.

Ich sah mich nach einem Bekannten um und entdeckte Ralf Beyschlag, den Ersten Hofburschen.

»Ich bin mit Ralf verabredet«, versuchte ich es noch einmal. »Es geht um Andrea und Ronald.«

Das war wohl das Zauberwort. Sie ließen uns durch.

Ich steuerte auf Ralf Beyschlag zu. Er machte ein kummervolles Gesicht.

»Dass ihr das Fest nicht abgesagt habt!«, sagte ich.

Er seufzte. »Das war eine schwierige Entscheidung.«

»Deine?«

»Um Himmels willen! Wir haben uns heute Mittag getroffen und darüber abgestimmt. Nicht alle waren dafür, das kannst du dir denken. Viele fanden es pietätlos. Aber es gab dann doch eine Mehrheit dafür. Schließlich reisen eine Menge Touristen an.«

The show must go on. Die Hotels waren voll an diesem Wochenende.

Man betrachte das Siedersfest als eine Art Gedenken für Andrea und Ronald, meinte der Erste Hofbursche. Es mochte durchaus im Sinne von Andrea sein, dachte ich. Aber ob das ihre Eltern auch so sahen?

»Sind das hier jetzt eigentlich alles Nachkommen der Sieder?«, fragte Karin.

»Mein Schatz, das habe ich dir schon einmal erklärt. Früher war der Siedershof tatsächlich nur den Siedern vorbehalten. Heute ist er ein ganz normaler Verein. Jeder kann mitmachen. Du auch.«

»Sollte ich mir überlegen. Da sind ein paar schmucke Kerle darunter.«

Es gab da in der Tat einige kräftige Burschen, und schmuck sahen sie auch aus, mit ihrem roten Wams, der weißen Halskrause, dem federgeschmückten breitkrempigen Hut, den schwarzen Kniebundhosen, den grünen Strümpfen. Die Frauen trugen statt der Halskrause eine weiße Schürze.

»Sind das historische Uniformen?«

»Es sind keine Uniformen, sondern Trachten, und die sind spanisch, aus dem 17. Jahrhundert. Hat also mit den eigentlichen Siedern wenig zu tun.«

»Warum hat man nicht originale Trachten genommen?«

»Von wann? Auch Traditionen unterliegen dem Zeitgeist. Hast du übrigens die Farbensymbolik bemerkt? Das Rot steht für das Feuer unter den Siedepfannen, das Weiß für das Salz und das Grün für die Sole. Schau genau hin, die weißen Schürzen haben grüne Bänder.«

»Manchmal hast du etwas Oberlehrerhaftes an dir, weißt du das?«

Ich zog vor, darauf nicht zu antworten. Wir mischten uns unter die Sieder. Karin zog wie üblich alle Augen auf sich. Nicht nur die der Männer. Ich machte Small Talk und war nebenbei damit beschäftigt, meine Begleiterin vorzustellen.

Ich stellte keine konkreten Fragen. Meine Plaudereien verfolgten nur den Zweck, Stimmungen zu erhaschen. Und Unstimmigkeiten. Es gab bisher noch keinen ersichtlichen

Grund, warum Andrea und Ronald hatten sterben müssen. Wenigstens keinen, der mich überzeugen konnte.

Karin wurde allmählich ungeduldig. Sie trottete hinter mir drein, kannte niemanden und verstand nicht, worüber wir redeten. Die Sonne knallte auf unsere Häupter. Die Sieder waren durch ihre Hüte und Hauben wenigstens etwas geschützt. Dafür konnte man ihre schweren Trachten nicht gerade luftig nennen.

Langsam folgte ich einem verführerischen Duft und schob mich näher zum Spießbraten hin. »Riecht gut«, sagte ich zu dem Sieder, der den Spieß drehte und stoisch vor sich hin schwitzte.

»Mal probieren?«

Jetzt gab es kein Halten mehr, weiße Hose hin oder her. Außerdem wäre es doch sehr unhöflich gewesen, eine solche Einladung abzulehnen.

»Klar!«

Mit einem großen Messer säbelte er ein Stück Schwein ab. Es ging rustikal zu, Besteck oder Geschirr gab es nicht. Ich nahm das Stück mit den Händen, verbrannte mir erst die Finger und dann den Mund, als ich hineinbiss. Himmlisch!

»Deshalb sind wir also hier und stehen uns die Beine in den Bauch!«, fauchte Karin.

»Nein. Wir sammeln Informationen«, erwiderte ich.

»Keine sehr ergiebige Methode«, sagte sie. »Bisher haben wir nichts erfahren, was uns irgendwie weiterhelfen könnte.«

»Eine ganze Menge«, antwortete ich.

Karin starrte mich an, als käme ich von einem anderen Stern.

»Probier mal!«

»Nein!«

»Schmeckt wirklich gut.«

»Nein!«

»Kannst du mir mal mit einem Taschentuch aushelfen?«
Von meinen Fingern tropfte das Fett. Karin funkelte mich wütend an und förderte aus den Tiefen ihrer Handtasche eine Packung Papiertaschentücher zutage.
»Bist du jetzt wenigstens satt?«
»Als Vorspeise reicht's.«
»Jetzt mal zur Sache, Dillinger. Was haben wir denn hier erreicht?«
»Zum Beispiel ein Stück Spießbraten.«
»Dillinger!«
»Später. Hier gibt es zu viele Ohren. Siehst du die kleine Pummelige dort drüben mit den braunen Haaren? Jasmin Botz, ich kenne sie. Die ist sonst eher von der robusten Art. Aber heute scheint sie mir mehr mitgenommen als die anderen Mädchen. Wetten, dass sie mit Andrea besser befreundet war?«
Wir gingen auf sie zu.
»Hallo, Jasmin«, sagte ich. »Ist das nicht eine schreckliche Geschichte mit Andrea und Ronald?«
Keine sehr originelle Gesprächseröffnung, aber was Besseres fiel mir gerade nicht ein.
»Ich kann's immer noch nicht fassen.« Sie unterdrückte einen Schluchzer. »Ich weiß nicht, wie ich das Wochenende überstehen soll.«
»Was ist denn gestern Abend vorgefallen? Andrea und Ronald haben sich gestritten, habe ich gehört.«
»Die hatten sich fürchterlich in den Haaren!«
»Worum ging es denn?«
»Ach, der Ronald hat mit einer anderen Frau rumgemacht. Und das war anscheinend nicht das erste Mal. Irgendwer hat Andrea gesteckt, dass da wohl schon länger was lief.«
»Wer war diese Frau?«
»Ich kenne sie nur vom Sehen. Ziemlich attraktiv, mit so wirren roten Haaren.«

Mit wirren roten Haaren?
»Schon etwas älter.«
Ich zuckte zusammen. Isabel war etwa so alt wie ich.
»Und Andrea war sauer?«
»Stinkesauer. Sie wollte mit Ronald sofort Schluss machen.«
»War das ernst gemeint?«
»Ich weiß es nicht. Andrea war sehr impulsiv, das weißt du ja. Wahrscheinlich hätte sie sich aber wieder eingekriegt. Ich glaube, sie wollte Ronald nur ärgern.«
»Und wie ging's dann weiter?«
»Sie hat sich in Sulzdorf ziemlich schnell abgeseilt und ist hierher gekommen, und als dann später Ronald mit den anderen aufgetaucht ist, hat sie ihn völlig ignoriert und heftig mit anderen geflirtet.«
»Mit wem denn zum Beispiel?«
»Mit allen Möglichen. Ich glaube, sie wollte Ronald eifersüchtig machen.«
Ob dazu auch gehört hatte, mit einem anderen Mann in die Büsche zu gehen?
»Und wie hat Ronald darauf reagiert?«
»Er hat so getan, als würde ihn das nicht weiter berühren.«
»Vielleicht war es ihm wirklich egal.«
»Ich weiß es nicht.«
»Wie lange waren die beiden schon zusammen?«
»Seit ein paar Wochen.«
Die Sieder jagten mal wieder einen Böllerschuss in die Luft. Ich hatte nicht auf die Vorbereitungen geachtet und wurde von dem Knall kalt erwischt. Jetzt wusste ich, weshalb man das »ohrenbetäubend« nennt. Karin ging es genauso. Sie verzog schmerzhaft das Gesicht. Nur Jasmin blieb unbeeindruckt. Sie war die Knallerei gewöhnt.
»Wer war denn Ronalds Vorgänger?«, fragte ich, als das Klingeln in den Ohren etwas nachließ.

»Niemand Bestimmtes. Sie war schon einige Zeit nicht mehr fest liiert.«

»Die Andrea einsam und allein? Das kann ich mir nicht vorstellen!«

»Verehrer hatte sie genug.« Aus Jasmins Tonfall konnte ich schließen, dass das bei ihr nicht der Fall war.

»Wen denn zum Beispiel?«

»Mein Gott, schau dich doch um! Die ganzen ledigen Männer hier.«

»Auch Steffen Harlung und Boris Stadtmann?« Das waren die beiden Prügelknaben aus der Trinkstube.

»Klar, die auch.«

Sie klang zunehmend verbittert. Die hübsche und fröhliche Andrea war eine heftige Konkurrenz für die anderen Mädchen gewesen.

Den Aspekt hatte ich noch nicht berücksichtigt: Vielleicht steckte auch eine eifersüchtige Frau dahinter? Nein, beide Opfer waren erwürgt worden, und dazu braucht es Kraft. Erwürgen ist Männersache. Obwohl, wenn ich mich so umschaute... Es gab schon einige recht stämmige Frauen unter den Siederinnen. Doch irgendwie passte das alles nicht zusammen.

»Hast du eine Ahnung, wer sich als Letztes um sie bemüht hat? Bevor sie dann mit Ronald zusammen war?«

Jasmin überlegte. »Das könnte der Dammbach gewesen sein. Er hat sie auf alle Fälle mal heftig umworben, aber sie hat ihn abblitzen lassen, das weiß ich.«

»Dammbach? Kenn ich nicht.«

War nicht mal gelogen. Ich hatte den Namen vorhin ja zum ersten Mal gehört.

»Einer von uns Siedern.«

»Ist er auch hier?«

»Ich habe ihn heute noch nicht gesehen.«

»Wo macht er mit? Beim Spielmannszug? Bei den Tanzpaaren?«

»Gar nirgends. Er ist nur morgen beim Mühlenbrand dabei.«

»Was ist der Dammbach für einer?«

»Ich find ihn eklig.«

»Warum eklig?«

Es war ihr so herausgerutscht, und sofort schien sie es zu bereuen. »So halt«, sagte sie nur. Ich drang nicht weiter in sie. Sie wollte nichts sagen. Ich würde andere finden, die etwas gesprächiger waren.

Wir gingen weiter.

»Wie viele attraktive Frauen mit wirren roten Haaren gibt es in Schwäbisch Hall?«, fragte Karin.

»Ich kenne nur eine.«

»Es war rein geschäftlich, hat sie gesagt. War es das wirklich, oder war es mehr?«

»Das weiß man bei Isabel nie.«

Mein Handy klingelte. Sonja.

»Ich habe den Namen: Friedrich Bechtel, genannt Freddy.«

»Was weiß man sonst noch über ihn?«

»Brauchst du Stoff, dann geh zu Freddy. Willst du schnelle Kohle machen, dann hilft dir Freddy.«

»Was soll das heißen?«

»Freddy dealt. Allerdings nur mit Marihuana, Hasch, Ecstasy und dergleichen, die harten Sachen hat er nicht im Programm. Er beliefert aber nicht nur Endkunden, sondern versucht wohl, einen Verteilerring aufzubauen.«

»Das würde passen. In den Wohnungen von Andrea und Ronald hat man Dope gefunden.«

»Und warum bringt er dann seine Leutnants um?«

»Das ist die Fünfhunderttausend-Euro-Frage.«

»Möglichkeit A: Sie haben ihn übers Ohr gehauen. Möglichkeit B: Es gab wegen irgendwas Streit, wie das in der Szene so üblich ist. Mehr fällt mir jetzt nicht ein. Was ist übrigens die Eine-Million-Euro-Frage?«

»Wer, wenn nicht Freddy?«

»Du glaubst nicht, dass es Freddy war?«

»So viele Spuren weisen auf Freddy hin, das macht mich misstrauisch. Da hätte er gleich seine Telefonnummer neben die Leichen legen können.«

»Mörder handeln üblicherweise nicht rational.«

»Aber man kann von ihnen wenigstens erwarten, dass sie ihre Spuren verwischen. Ich glaube eher, da legt jemand eine falsche Fährte. Woher hast du übrigens deine Infos?«

»Ich habe mich in der Szene umgehört.«

»In solchen Kreisen verkehrst du, Partnerin?«

»Noch in ganz anderen, Partner.«

Ich rief Keller an. »Schlechter Zeitpunkt«, knurrte er. »Ich bin in einem Gespräch beim OB.«

»Freddy heißt Friedrich Bechtel. Ist tatsächlich in der Drogenszene aktiv.«

Ohne jeden Kommentar drückte er mich weg. Schon wieder ein Gipfeltreffen beim OB! Da war einigen Herrschaften nicht ganz wohl in ihrer Haut, und sie kompensierten das durch Meetings. Damit sie hinterher sagen konnten, sie hätten was getan. Markige Worte: schnellstmögliche Aufklärung, alle Kräfte bündeln und so weiter. Ich konnte mir vorstellen, wie Keller litt.

Ich schaute auf die Uhr. Die Zeit drängte, der nächste Programmpunkt stand an. Ich würde mich mit den Siedern später weiter unterhalten müssen.

Der Haalschreiber wollte gerade zusperren, als wir kamen.

»Ende der Besuchszeit«, sagte er.

»Nur noch ein paar Fragen«, erwiderte ich.

»Sie wissen doch, dass ich Ihnen nichts sagen darf.«

»Isabel hat mir alles erzählt.«

»Nun, das ist ihre Sache. Ich habe die Vertraulichkeit gewahrt.«

»Dann können wir uns ja darüber unterhalten.«

»Kommt drauf an, über was.«

»Erzählen Sie doch einer wissbegierigen Besucherin aus München etwas über die ehrwürdige Familie Seiferheld. Das ist ja alles dokumentiert und deshalb nicht vertraulich, oder?«

Wahrscheinlich war Karin keineswegs wissbegierig, aber sie nickte heftig und strahlte den Haalschreiber an.

»Viel Zeit haben wir nicht«, sagte er, »nachher gibt es hier den traditionellen Empfang des Haalrats. Nun gut, dann kurz zur Familie Seiferheld. Eine hochinteressante Familie. Der Erste, von dem wir wissen, war ein Jörg Seiferheld. Er hat 1414 geheiratet und war arm. Fünf Generationen später, 1605, ist Jörg VII., der Urururenkel also, der zweitreichste Mann der Stadt und Ratsherr.«

»Wie schafft man einen solchen Aufstieg?« Karin schien ernstlich interessiert.

»Gut geheiratet und klug gewirtschaftet. Vielleicht waren es auch die Gene. Aus Seitenlinien dieser Familie stammen zum Beispiel Eduard Mörike, Dietrich Bonhoeffer, Anselm Feuerbach und Isolde Kurz. Was aber diese Familie ganz besonders auszeichnet: Sie war die einzige, die in Schwäbisch Hall noch im Mannesstamm bestand. Mit Ronald Seiferheld ist sie ausgestorben. Jetzt gibt es nur noch die Seitenlinien.«

»Sechshundert Jahre Familientradition«, sagte Karin, und ihre Stimme klang beinahe ehrfürchtig. »Das ist mehr, als viele gekrönte Häupter vorweisen können.«

In der Ferne waren Pfeifen und Trommeln zu hören, die langsam näher kamen. Der Kleine Siedershof rückte an, der Siedersnachwuchs. Durch ein Spalier von Schützen marschierten die Kinder und Jugendlichen über die Furt aufs Grasbödele. Wir stellten uns ans Fenster und schauten zu.

Auch Isabel war mal mit stolzgeschwellter knospender Brust so durch die Stadt gezogen, etwas aufgeregt wahrscheinlich, weil sie keinen Fehler machen wollte, und dessen bewusst, dass hunderte von Augen sie beobachteten. Isabel im roten Kleidchen und bestickter Haube zwischen den jungen Burschen mit dem federgeschmückten Dreispitz? Und einer von den Kerlen wäre dann mal, wenn es nach dem Willen ihrer Großmutter gegangen wäre, ihr Mann geworden? Ich konnte mir das nicht vorstellen. Es passte jedenfalls nicht zu der Isabel, die ich kannte.

»Wie lebt man mit einer solchen Familiengeschichte?«, fragte Karin, an niemanden Bestimmten gerichtet.

»Vor allem: Man lebt sie«, sagte der Haalschreiber. »Zum Beispiel, indem man diesen Rentenverein unterhält. Wirtschaftlich hat das keinen Sinn. Es geht einzig darum, eine Tradition zu erhalten, eine lange Geschichte zu bewahren. Und auch das Siedersfest ruft diese Tradition ins Gedächtnis.«

»Du hast das hautnah mitbekommen. Isabel hat sich diesen Traditionen entzogen, bis sie jetzt wieder von ihnen eingeholt worden ist. Für Andrea und Ronald hingegen haben sie schon immer etwas bedeutet.«

Die Musik des Kleinen Siedershofes verklang. Dafür waren jetzt vom Biergarten auf dem Unterwöhrd wummernde Bässe und Sambarhythmen zu hören. Tradition und Moderne.

»Ist man stolz als Sieder?«

»Natürlich«, erwiderte ich. »Jetzt verstehst du auch, weshalb die Sieder der heimliche Stadtadel sind. Man ist eine große Familie, übrigens ganz wörtlich gemeint, wenn du die verwandtschaftlichen Verflechtungen anschaust. Man hält zusammen, bei allem Hader, den es in einer Familie eben auch gibt. Man ist etwas anderes.«

»Allerdings. Ich habe keine sechshundert Jahre Familientradition.«

»Wir alle haben eine so lange Familiengeschichte. Oder glaubst du, deine Vorfahren sind irgendwann aus dem

Nichts aufgetaucht? Es ist eine ganz simple Rechnung: Gehst du vier Generationen zurück, also etwa hundert Jahre, hast du sechzehn Vorfahren. Vor zweihundert Jahren waren es zweihundertsechsundfünfzig, vor tausend Jahren eine Billion. Die Chance, dass du von Goethe abstammst, ist relativ gering – und wenn, wäre das belegt. Aber gut möglich, dass Karl der Große einer deiner Vorfahren war. Unsere Familiengeschichten sind nur nicht so gut dokumentiert wie bei den Siedern.«

»Weil unsere Vorfahren nichts Besonderes waren.«

»Auch die Sieder waren eigentlich nichts Besonderes.«

»Lassen Sie das ja nicht einen Sieder hören!«, meinte der Haalschreiber lächelnd.

»Die Sieder waren Facharbeiter. Handwerker. Haben ihre Arbeit gemacht wie ein Bäcker oder Schuster auch. Nur haben sie sich als Zunft länger gehalten als andere und auch länger an Regeln festgehalten. Sicherlich auch wegen der besonderen Rechts- und Erbschaftsverhältnisse.«

Zum ersten Mal war nun zu hören, was den Sound des ganzen Wochenendes bestimmte: Der Große Siedershof war im Anmarsch, mit Trommeln und Fanfaren. Auch er begab sich auf das Grasbödele. Die ganze Siedersfamilie war versammelt. Das Kuchen- und Brunnenfest näherte sich langsam seinem ersten Höhepunkt.

»Wussten Ronald Seiferheld und Wolfgang Dammbach von ihrer Verwandtschaft?«, fragte ich den Haalschreiber.

»Die Sieder wissen im Allgemeinen schon, wer mit wem zusammenhängt.«

Das war eine ausweichende Antwort. Wir bewegten uns offensichtlich wieder an der Grenze zur Vertraulichkeit. Ich blieb hartnäckig.

»Auch in diesem Fall, wo es doch eine sehr entfernte Verwandtschaft ist?«

»Ich weiß es nicht.«

»War Dammbach in letzter Zeit mal hier bei Ihnen auf dem Haalamt?«

»Aus welchem Grund sollte er hier gewesen sein?«

»Zum Beispiel, um sich nach seinen Vorfahren zu erkundigen.«

Der Haalschreiber schwieg. Es war zum Verzweifeln mit diesem Mann! Musste er es denn mit der Vertraulichkeit gar so ernst nehmen?

Noch ein Anlauf, ein letzter.

»Das ist doch jetzt eine harmlose Frage. Als ob ich mich danach erkundigen würde, ob Sie einen gemeinsamen Bekannten gesehen haben.«

»Ich kenne Herrn Dammbach nicht persönlich.«

Na also, manches ging doch, wenn man durch die Hintertür kam.

»Sie haben ein Abendessen gut«, versprach ich.

»Dazu sage ich nie Nein«, lachte der Haalschreiber. Man sah es ihm an. »Aber nun muss ich Sie hinauswerfen. Die Pflicht ruft.«

Durch die offenen Fenster war bereits heftiger Tumult zu hören.

Vor dem Sulferturm sollte der nächste Programmpunkt ablaufen: die Einkerkerung von Delinquenten. Sie steckten in einem Gefängniswagen, haderten lautstark mit ihrem Schicksal und bestritten natürlich jede Schuld.

Wir standen da und schwitzten. Unter den Zuschauern entdeckte ich Tante Olga.

Es begann sachte zu regnen. Nicht stark genug, als dass sich ein Regenschirm gelohnt hätte – wer wollte sich schon bei den paar Tropfen als Weichei outen und dem Nachbarn die Sicht nehmen? Niemand. Außer Tante Olga.

Der Gerichtsbüttel verlas die Anklagen. Ein Sieder wurde des falschen Handels mit Salz beschuldigt. Eine Bürgersfrau war von ihrem Ehemann mit ihrem Liebhaber überrascht worden. Morgen, beim Gerichtstag auf dem Marktplatz, sollten die Delinquenten abgeurteilt werden. Bis dahin wurden sie im Sulferturm eingekerkert, wo sie vom Volk begafft werden konnten. Die amüsierten Touristen machten reichlich Gebrauch davon.

Es war eine nette, kleine Inszenierung nach alten Akten und historisch korrekt: Der Sulferturm war tatsächlich einst das Untersuchungsgefängnis gewesen. Die Sieder spielten gut, das Volk hatte viel zu lachen. Wir wussten, dass den Spielern ganz anders zumute sein musste. Sie schlugen sich tapfer. Aber ich fragte mich, wie das weitergehen sollte. Das war ja erst der Auftakt. Vielleicht fiel es ihnen bei diesen Szenen leicht. Sie hätten gern einen wahren Täter in den Turm geworfen.

Das Spektakel dauerte nur eine halbe Stunde. Die Zuschauer zerstreuten sich. Mittlerweile hatte der Regen wieder aufgehört, die dunklen Wolken zogen so schnell weiter, wie sie gekommen waren. Die Sonne brannte schon wieder. Das bisschen Regen hatte keine Abkühlung gebracht, im Gegenteil. Der Boden dampfte.

»Wolltest du nicht mit mir in die Sauna? Jetzt hast du sie, unter freiem Himmel«, sagte Karin.

»Am liebsten würde ich mir auch die Kleider vom Leib reißen«, stöhnte ich.

»Was hindert dich?«, fragte sie spöttisch.

Ich verdrehte die Augen. »Wir sind nicht in München. Der Kocher hat noch keinen Strand für die Nackerten.«

»Dann wird's aber Zeit, dass ihr am Fortschritt teilhabt.«

»Machst du den Anfang?«

Vor dem Haalamt war eine kleine Siedersgruppe mit Pfeifen und Trommeln aufgezogen. Sie bildeten ein Spalier, durch das die Honoratioren ins Haalamt gingen: der Oberbürgermeister, der Museumsleiter, der Chefredakteur des Lokalblattes, die Haalräte. Oben, wo wir gerade noch in den Folianten geblättert hatten, würden sie aus dem

Gockel trinken, dem traditionellen Trinkgefäß der Sieder, und damit das Fest inoffiziell eröffnen.

Ein würziger Geruch lag plötzlich in der Luft. Ich schnupperte.

»Als prominenter Bürger dieser Stadt müsstest du eigentlich auch beim Honoratiorenaufmarsch dabei sein«, hörte ich eine Stimme hinter mir. Helmar Haag, der Lokalreporter, paffte seine Pfeife, die so untrennbar zu ihm gehörte wie der Gockel zum Siedersfest. »Was gibt's Neues von unserem Mörder?«

»Kennst du einen Wolfgang Dammbach?«

»Kenn ich, ja.«

»Und?«

»Für ihn wurde der Begriff der gescheiterten Existenz erfunden. Hat mal im Internet gehandelt, schottische Laird-Titel verkauft und so. Ist aber pleitegegangen und außerdem wegen Betrugs verurteilt worden. Dann hat er es mit einer Bar versucht, das ist auch nichts geworden. Erinnerst du dich nicht mehr? Das ›Take Five‹?«

Ich erinnerte mich. Ich war einmal dort gewesen. Ein schicker Laden, der versuchte, so etwas wie Weltstadtflair in die Provinz zu bringen. Aber es war nicht viel los, und ich merkte schnell, warum: Der Typ hinter der Bar hatte eine miserable Aura. Er war nicht der umgängliche Mensch, den ein solcher Laden brauchte. Er konnte ja auch nichts dafür, aber er war einfach unangenehm. Das konnten auch die jungen, hübschen Bedienungen nicht aufwiegen.

Und »Take Five« mit Dave Brubeck, nach dem die Bar ihren Namen hatte, ist ja wirklich ein geniales Stück, aber wenn man es pro Stunde mindestens einmal zu hören bekommt, ist es mit dem Spaß vorbei. Ich schob es auf diesen Abend, dass das Mädel, mit dem ich damals dort war, mir zwei Tage später den Laufpass gab.

Wenigstens hatte ich jetzt ein Gesicht vor Augen: spitze

Nase, verkniffener Mund mit schmalen Lippen, schlechter Teint. Frettchen, das war es: Er hatte ein Frettchengesicht. Ich hatte zwar keine Ahnung, wie ein Frettchen aussah, aber so ungefähr stellte ich es mir vor.

Und plötzlich erkannte ich ihn wieder: Das war der Kerl gewesen, der mir heute Morgen auf dem Markt die Erdbeeren aus der Hand geschlagen hatte. Wie hatte Jasmin gesagt? Sie finde ihn eklig. Recht hatte sie.

»Was macht er jetzt?«

»Keine Ahnung. Als Unternehmer hat er sich jedenfalls nicht mehr versucht, soweit ich weiß. Wahrscheinlich stottert er seine Schulden ab.«

»Es dürfte sich bald ausgestottert haben.«

»Wie das?«

»Wie's aussieht, beerbt er Ronald Seiferheld.«

»Und jetzt hältst du ihn für den Mörder, oder?«

»So blöd kann der doch nicht sein, oder? Er gerät doch als Erster unter Verdacht.«

»Eben. Darum brauchst du in diese Richtung gar nicht weiterzudenken. Auch ein Wolfgang Dammbach hat mal Glück in seinem Leben. Gönnen wir's ihm.« Haag verabschiedete sich. »Noch mal heim zu Frau und Kindern, bevor es weitergeht.«

»Machst du die Berichterstattung dieses Jahr etwa selbst?«, fragte ich erstaunt. »Das ist doch normalerweise ein dankbarer Job für einen Jungredakteur.«

»Was ist in diesem Jahr schon normal?«

Abgang Haag, Auftritt Tante Olga.

»Kinder, ist das nicht herrlich, dieses Fest? Ich habe mich prächtig amüsiert.« So sah sie auch aus: strahlend und mit geröteten Wangen. »Habt ihr übrigens gewusst, dass dieser Tote von heute Morgen der älteste Sieder war?«

»Nicht der älteste«, korrigierte ich, »sondern die älteste Familie, die noch im Mannesstamm bestanden hat.«

»Ist ja auch egal. Jedenfalls ist ihm das gottsallmächtig zu Kopf gestiegen.«

»Warum?«

»Die meisten fanden ihn arrogant und überheblich. Er hat sich wohl für was Besseres gehalten, bloß weil er der Älteste war.«

Ich wandte mich zu Karin. »Wolltest du nicht wissen, wie man mit so einer Familientradition lebt? Jetzt hast du die Antwort. Etwas Ähnliches habe ich vorhin bei den Siedern auch herausgehört.«

»Außerdem hat er erst kürzlich einen ziemlichen Krach mit einem anderen Sieder gehabt, habe ich gehört.«

»Und mit wem? Hast du das auch erfahren?«

»Dammach oder so ähnlich.«

»Dammbach? Wolfgang Dammbach?«

»Kann sein. Es ging um das Mädchen, diese Andrea. Aber darüber können wir später reden. Ich muss mich jetzt umziehen. Ich bin zum Abendessen verabredet.«

»Ich weiß, Tante Olga, wir gehen gleich.«

»Ich gehe nicht mit euch. Ich habe eine andere Verabredung.«

»Doch nicht etwa mit deinem Verehrer von heute Vormittag?«

Tante Olga schaute mich verschmitzt an. »Ich habe ihn wiedergetroffen, und ich habe mich überreden lassen.«

»Weißt du jetzt wenigstens, wie er heißt?«

»Kurt Feyerabend. Ein feiner Herr.«

Hatte ich es mir doch gedacht. Kurt Feyerabend entstammte einem alten Siedersgeschlecht und war stellvertretender Haalhauptmann. Er war Anfang siebzig, verwitwet, vermögend und charmant. Und er wusste, was in der Siederswelt lief.

»Ich weiß nicht, ob ich das erlauben kann, Tantchen.«

Tante Olga war empört. »Ich bin alt genug. Ich weiß selber, was ich mache.«

»Jetzt bist du schon mal hier, und dann hast du doch keine Zeit für mich. Nicht mal zu einem gemütlichen Abendessen.«

Ich versuchte, sehr beleidigt zu klingen. Aber das verfing bei Tante Olga nicht.

»Red keinen Stuss. Du bist sogar froh. Mit Karin kannst du dich viel besser amüsieren, wenn keine alte Frau dabei ist.«

»Überredet. Aber nur unter einer Bedingung: Du horchst den Feyerabend ein bisschen über Ronald Seiferheld und Wolfgang Dammbach aus.«

Tante Olga grinste mich an. »Was glaubst du, weshalb ich mit ihm essen gehe?«

Sie trippelte davon und schwenkte beschwingt ihren Stockschirm.

»Ich glaube, wir haben einige neue Fragen an die Sieder«, sagte Karin.

»Wir?«

»Natürlich wir. Ohne Frauenpower bist du verloren.«

»Später. Erst muss ich mir über einen ganz bestimmten Punkt Gewissheit verschaffen.«

Wir trennten uns. Karin ging duschen und sich umziehen, ich rief Frank Dehmel an. Glücklicherweise war der Rechtsanwalt über Pfingsten nicht weggefahren.

»Ich brauche eine fachliche Auskunft«, sagte ich.

»Mein Büro hat am Dienstag wieder geöffnet.«

»Ich brauche die Auskunft jetzt.«

Er stöhnte. »Warum hat man vor dir nicht einmal an Pfingsten seine Ruhe?«

»Weil es um den Mord an Ronald Seiferheld und Andrea Frobel geht. Von Ronald hast du ja sicherlich auch schon gehört.«

»Die ganze Stadt redet von nichts anderem. Was willst du wissen?«

»Nicht am Telefon. Ich komme vorbei.«

»Auch das noch! Bei uns gibt es gleich Abendessen.«
»Es dauert nicht lange.«
»Dann komm halt. Aber beeil dich.«

Der Anwalt wohnte auf der Schied, einem der Sieben Hügel von Schwäbisch Hall. Es war eigentlich nicht weit, aber es ging steil den Berg hinauf. Ich war schweißgebadet und außer Atem, als ich an seinem Haus klingelte.

Frank Dehmel öffnete in Shorts und Muskelshirt. Aus dem Garten roch es nach Grillfeuer. In der Hand hielt er eine Grillzange. »Du kannst mitessen, wenn du willst. Wird schon für alle reichen.«

Ich wehrte ab. »Ich bin verabredet. Und ich brauche wirklich nur eine schnelle Auskunft. Ronald Seiferheld war doch dein Mandant, nicht wahr?«

Das war eine rhetorische Frage. Dehmel war Erbsieder, die meisten Sieder ließen sich von ihm vertreten.

Ich reichte ihm den Stammbaum, den der Haalschreiber skizziert hatte. Er studierte ihn.

»Und? Was willst du wissen?«
»Wer beerbt Ronald Seiferheld?«
»Eine schnelle Auskunft? Weißt du, wie kompliziert das Erbrecht ist?«

»In diesem Fall wahrscheinlich nicht. Ronald hat weder Frau noch Kinder und auch keine Geschwister. Also tritt die gesetzliche Erbfolge in Kraft. Es sei denn, er hat ein Testament gemacht. Hat er?«

Dehmel zögerte. »Das ist eine Auskunft, die ich dir eigentlich nicht geben darf.«

»Komm schon, es geht um Mord. Außerdem ersparst du dir den Besuch der Polizei, die dich dasselbe fragen wird.«

»Nein, es gibt kein Testament. Ich habe ihn immer dazu gedrängt, aber es war ihm nicht eilig damit. Er war jung, er hatte noch keine Familie. Er sah keine Notwendigkeit, seinen Nachlass zu regeln.«

»Was passiert also, wenn es keine direkten Nachkommen gibt?«

»Man geht in der Genealogie so weit zurück, bis man auf einen Erbberechtigten trifft. Und damit wird es eben kompliziert. Zuerst nimmt man sich die Generation der Eltern vor. Gibt es Geschwister von Vater oder Mutter oder Nachkommen von denen, sind die an der Reihe. Wenn nicht, schaut man in der Generation der Großeltern. Und bei einer so weitverzweigten Familie wie bei den Seiferhelds ...«

»Die Familie war zwar weitverzweigt, aber sie ist nahezu ausgestorben. Sieh dir den Stammbaum an.«

»Ist der verbürgt?«

»Dem Haalschreiber sei Dank.«

»Wenn das wirklich so ist, dann ist es in der Tat einfach. Das Erbe geht an Dorothea Reitz.«

»Die alte Dame ist vor zwei Wochen gestorben.«

»Dann ist Wolfgang Dammbach an der Reihe.«

»Hat Ronald Seiferheld jemals von Wolfgang Dammbach gesprochen?«

»In Bezug auf das Erbe? Nein.«

»In anderer Hinsicht schon?«

»Einigen Bemerkungen Ronalds konnte ich entnehmen, dass Dammbach nicht zu seinen intimen Freunden zählte.«

»Wäre es möglich, dass Dammbach gar nichts von seinen Erbansprüchen weiß?«

Der Anwalt besah sich noch mal den Stammbaum. »Schon möglich. Die beiden sind sehr entfernt verwandt. Würde es sich nicht um Siedersfamilien handeln, wäre der Erbe sicherlich schwer zu ermitteln.«

»Wie läuft das normalerweise?«

»Die Erbermittlung ist Aufgabe des Nachlassgerichts. Das zieht dann unter Umständen Experten hinzu. In Heilbronn beispielsweise gibt es eine Privatbank, die sich auf solche Erbermittlungen spezialisiert hat.«

»Und die wälzen dann alte Akten.«

»Standesamtsregister, Eheregister, Kirchenbücher und so fort. Solche Ermittlungen sind oft sehr schwierig und zeitraubend, weil viele Unterlagen verschollen sind. Durch Kriegszeiten beispielsweise oder durch Auswanderung. Die Sieder sind in der Hinsicht ein Glücksfall. Ihre Stammbäume sind ziemlich lückenlos dokumentiert. Und sie haben selber ein Interesse daran, dass es so bleibt.«

»Wusste Ronald, dass sein Vermögen an Dammbach fallen würde?«

Dehmel dachte nach. »Ich glaube nicht. Sonst hätte er vielleicht doch ein Testament gemacht. Er war ja nicht gut auf Dammbach zu sprechen.«

»Was ist Dammbach für ein Mensch?«

»Jetzt gehst du aber zu weit.«

»Nur eine persönliche Einschätzung. Keine anwaltlichen Geheimnisse.«

Der Anwalt zögerte mit seiner Antwort. Aus dem Garten kam ein kleiner Dehmel angerannt. »Papi, wann kommst du endlich? Wir haben Hunger!«

»Ich bin gleich so weit«, beruhigte der Anwalt seinen Sohn. Der blieb stehen, nahm Papis Hand und schaute mich Störenfried misstrauisch an. Ich stand zwischen ihm und seiner Bratwurst.

»Dammbach sieht sich als ein Mensch, der vom Pech verfolgt ist.«

»Stimmt ja auch. Er hat einiges gegen die Wand gefahren. Aber war das Pech oder seine eigene Unzulänglichkeit?«

Dehmel hob abwehrend die eine Hand, die ihm blieb, und kam mir mit seiner Grillzange gefährlich nahe.

»Ich möchte das nicht bewerten. Er jedenfalls führt es darauf zurück, dass er sozusagen nur ein minderer Sieder ist und keinen so glanzvollen Stammbaum hat wie beispielsweise Ronald Seiferheld.«

»Das ist doch Blödsinn.«

»Er hat bei den Siedern nie so recht Fuß fassen können und fühlt sich vom Netzwerk ausgeschlossen.«

»Und ist das so?«

»Es liegt jedenfalls nicht an seiner Abstammung, sondern an seiner Persönlichkeit.«

»Du kannst ihn auch nicht leiden, was?«

»Er ist mein Mandant. Ich muss meine Mandanten nicht mögen. Ich muss nur ihre Interessen vertreten. Weshalb fragst du überhaupt nach Dammbach? Hat er etwas mit der Sache zu tun?«

Ich zuckte mit den Schultern. »Keine Ahnung. Aber der Erbe ist doch zunächst mal der Hauptverdächtige, nicht wahr?«

»Ich halte Dammbach nicht für besonders intelligent, aber so dämlich ist er auch nicht.«

»In seiner Situation kommt ihm dieses Erbe doch sicherlich gelegen, oder?«

»Möchtest du nicht doch ein Steak?«

Ich lehnte ab. Der kleine und der große Dehmel gingen grillen. Ich machte mich an den Abstieg in die Stadt.

Auf der langen Treppe hinunter zu den Herrngassen blieb ich einen Moment stehen. Mir lief der Schweiß den Rücken hinab. Ich war nass bis auf die Unterhose. Ich schaute hinunter auf meine Füße. Eigentlich müssten sie in einer Lache stehen.

Die Schwüle lastete auf der Stadt. Wolkenhaufen zogen vorbei, vereinten sich zu bizarren Gebilden und lösten sich wieder auf. Weiß wurde zu Schwarz und wieder zu Weiß. Ein Gewitter jetzt! Es würde die Atmosphäre bereinigen. Keiner wünschte es herbei, aber jeder wartete darauf.

Mein Magen knurrte. Ich beeilte mich. Ich brauchte dringend eine Dusche und frische Kleider.

Tante Olga hatte sich offensichtlich bereits umgezogen

und war zu ihrem Rendezvous entschwunden. Die alte Dame hatte es faustdick hinter den Ohren. Was sie im Lauf des Tages quasi im Vorübergehen aufgeschnappt hatte, war erstaunlich. Sie brauchte sich nur neben ein paar andere ihres Alters zu setzen, ein paar Schnurren aus ihrem Leben zu erzählen und zu erkennen geben, dass sie fremd hier sei, und schon sprudelten die Informationen.

Die Hohenloher galten als verschlossen, aber alte Leute unter sich waren genau das Gegenteil. Sie erzählten gern den Tratsch, den sie wussten, und erhielten als Gegenleistung anderen. Und wenn eine Auswärtige treuherzig genug fragte, wurde sie bereitwillig mit dem angesammelten Wissen versorgt.

Das Netzwerk der Alten war verblüffend weit gespannt und beschränkte sich offenbar nicht nur auf die eigenen Kreise, sonst hätte Tante Olga nicht erfahren, dass der ominöse Freddy dealte. Vielleicht sollte ich selber einmal mit einigen Alten plaudern. Aber wahrscheinlich wäre ich nur halb so erfolgreich wie Tante Olga. Dafür war ich einfach zu jung.

Ich zog mich aus, drehte die Dusche auf lauwarm und genoss den Wasserstrahl. Ich versuchte, die Bruchstücke zusammenzufügen, die ich aufgesammelt hatte.

Da war Andrea – jung und hübsch und demzufolge heftig umworben. Nahezu jeder hatte sich um sie bemüht, und alle waren sie abgeblitzt. Bis auf Ronald. Ausgerechnet Ronald. Den »Supersieder«, wie ihn einer genannt hatte.

Ronald war sich nur zu bewusst gewesen, aus welcher Familie er stammte. Wenn ich die Andeutungen richtig interpretierte, war er nicht übermäßig beliebt gewesen, weil er seine Herkunft zu deutlich herauskehrte. Und ausgerechnet er bekam Andrea. Die schönste Siederin und der hochwohlgeborene Sieder – das war ja fast wie im Mittelalter, als das noch Kriterien für eine arrangierte Ehe waren.

Wurde Ronald aus Eifersucht umgebracht? Aber wie ließ sich dann der Mord an Andrea erklären? Oder hatte das eine mit dem anderen nichts zu tun?

Ich stellte das Wasser eiskalt und fing an zu japsen. Ich hasste kaltes Wasser. Aber heute war es eine Wohltat.

Lange hielt ich es nicht aus. Ich trocknete mich ab und begann gleich wieder zu schwitzen. Eigentlich könnte ich mir schon mal ein Gläschen Wein genehmigen, bis ich wieder trocken war. Ich überprüfte meine Vorräte und öffnete einen Vinho Verde. »Vorglühen« nannten die Jungen das, wenn man schon leicht angesäuselt auf die Party kam und so die teuren Getränke umging. Wir hatten früher die billigen Flaschen eingeschmuggelt. Aber wahrscheinlich wurde heutzutage schärfer kontrolliert.

Ich hatte das Vorglühen nicht nötig, für mich war der Vinho Verde nichts weiter als ein kleiner Aperitif. Außerdem glühte ich schon genug. Prost, Andrea!

Dass Andrea mit Drogen gedealt hätte, erschien mir mehr denn je unglaubhaft. Ich hatte unter den Siedern nichts dergleichen gehört, nicht einmal in vagen Andeutungen. Den Stoff musste ihr jemand untergeschoben haben. Aber wer und warum? Um die Spur auf Freddy zu lenken, logisch. Weil jemand von sich ablenken wollte? Oder auf den wahren Täter hinweisen?

Dammbach? Wohl kaum. Der Hauptnutznießer war naheliegend und deshalb unwahrscheinlich.

Das war alles zu verwirrend und passte hinten und vorn nicht zusammen. Ich war keinen Schritt weiter. Und es wurde Zeit, dass ich mich zu Karin gesellte.

Und da erhob sich schon die nächste schwerwiegende Frage: Was sollte ich anziehen? Mein Kleiderschrank war zum Platzen voll, aber es war nichts Vernünftiges dabei. Diese weiße Hose? Nein, Weiß hatte ich schon den ganzen Tag getragen. Die blaue? War zu eng geworden, wie ich feststellen musste. Die gelbe? Da sah ich ja aus wie ein

Paradiesvogel. Die war eine Entgleisung gewesen, die man besser in den Tiefen des Schranks versteckte.

Ich musste dringend mal wieder einkaufen gehen.

Nach einigem Hin- und Herprobieren rang ich mich zu einer anthrazitfarbenen Leinenhose von Dolce & Gabbana durch und zu einem weißen Hemd. Darüber zog ich ein leichtes Baumwolljackett von Kiton in sanftem Blau mit dezenten Streifen. Nicht dass es von der Temperatur her nötig gewesen wäre. Aber in diesem Prunkstück meiner Sammlung sah ich einfach verdammt gut aus.

Karin saß schon im Innenhof der »Sonne« bei einem Glas Mineralwasser. Sie hatte sich aufgehübscht. Am bemerkenswertesten war ihr Supermini. Der war keine Bekleidung, sondern eine Verheißung.

»Wo bleibst du denn so lange?«, fragte sie.

Ich zog es vor, darauf nicht zu antworten, sondern konterte: »Für wen hast du dich denn so ausgezogen?«

»Für alle Männer von Schwäbisch Hall, die schöne Frauen zu schätzen wissen.«

»Da kenne ich nur einen.«

»Keller will auch noch vorbeischauen.«

»Hast du ihn getroffen?«

»Ich habe ihn angerufen und eingeladen.«

»Woher hast du seine Nummer?«, fragte ich verblüfft.

»Hab ich eben.«

»So, so.«

»Stört dich das?«

»Wieso sollte es mich stören?«

Wieso sollte es mich nicht stören? Aber weshalb durfte ich nicht mal ein paar Stunden alleine mit Karin verbringen?

Ich deutete auf ihr Wasserglas.

»Bist du abstinent geworden?«

»Die Weinauswahl überlasse ich dem Kenner.«

Alle Tische im Innenhof waren besetzt. Nur wenige Haller, viele Touristen. Alle waren zur gleichen Zeit gekommen, bestellten zur gleichen Zeit, wollten zur gleichen Zeit ihr Essen haben, obschon kein Grund zur Eile war. Die Wirtin ließ sich nicht aus der Ruhe bringen. Sie wirbelte mit strahlender Fröhlichkeit umher, flink, aber ohne Hektik. Dieses Lokal war bemerkenswert organisiert und bewältigte einen solchen Ansturm mühelos.

Ich schnupperte. »Du riechst gut«, sagte ich. »Chanel Nr. 5?«

Sie lächelte. »Das trägt eine Frau doch nur im Bett. Solltest du eigentlich wissen.«

Wir bestellten. Maultaschen für Karin, Kutteln in Trollingersoße mit Bratkartoffeln für mich. Und zwei Viertel Verrenberger Riesling.

»Dammbach ist tatsächlich der Alleinerbe von Ronald Seiferheld.«

»Das hätte ich dir auch sagen können. Soviel weiß selbst eine Staatsanwältin vom Erbrecht.«

»Was du nicht weißt: Es gibt kein Testament. Und hätte es eins gegeben, wäre bestimmt Dammbach nicht der Alleinerbe. Die beiden konnten sich nicht leiden.«

»Überzeugender könnte ein Tatmotiv nicht sein.«

»Zu überzeugend. Erst deutet alles auf den ominösen Freddy hin. Jetzt kommt plötzlich Dammbach ins Spiel. Und die Spuren sind glasklar. Das sieht doch ganz danach aus, als würden hier falsche Spuren gelegt. Fragt sich nur, welche und von wem. Und überhaupt: Wie passt Andrea dazu?«

»Bei Freddy schon. Bei Dammbach weniger, das gebe ich zu.«

»Er hat sie angebaggert und ist abgeblitzt.«

Hinter mir ertönte eine wohlbekannte Stimme. »Das Schöne an Dillinger ist, dass er so berechenbar ist. Man weiß meist, wo man ihn finden kann.«

Sonja mit der stummen Miriam im Schlepptau und immer noch im Westernlook. Was musste die schwitzen! Die beiden setzten sich und bestellten. Spargel mit Kräuterflädle für Sonja, Miriam deutete auf der Speisekarte auf die Schupfnudeln. Ja nicht zu viel sagen. Sonja trank einen Grauburgunder, Miriam ein Apfelschorle. Das immerhin brachte sie heraus.

»Hast du noch etwas erfahren über Freddy, Andrea und Ronald?«, fragte ich Sonja.

»Nicht viel. Samstagnachmittag ist ein schlechter Zeitpunkt, da triffst du nicht die richtigen Leute. Wir ziehen heute Abend durch die Kneipen.«

»Ronald war der Nachfolger von Freddy. Er und Andrea waren zusammen.«

»Das habe ich auch gehört. Ronald war aber wohl nicht der direkte Nachfolger. Es scheint da noch ein kurzes Intermezzo mit einem Wolfgang Dammbach gegeben zu haben. Sagt dir der Name etwas?«

»Mittlerweile schon.« Ich brachte Sonja auf den neuesten Stand.

»Ach der! Unangenehmer Typ«, meinte sie.

Sobald man wusste, wer dieser Dammbach war, erinnerte man sich auch wieder an ihn. Sein Name blieb seltsamerweise nicht haften.

»Nach meinen Informationen war da allerdings nichts zwischen den beiden. Andrea hat Dammbach die kalte Schulter gezeigt«, erklärte ich.

Unsere Getränke kamen. Karin guckte verwundert und brach dann in lautes Lachen aus. »Was ist das denn?«

Ich wusste nicht, was sie meinte. Sie deutete auf die Gläser.

»Was soll damit sein?«

»Diese komischen Krüge da.«

Jetzt verstand ich. Karin hatte noch nie ein schwäbisches Henkelglas gesehen, in dem hierzulande ein Viertele Wein serviert wird. Wir waren eifrig bemüht, diese Bildungslücke zu schließen.

Ich saß mit dem Rücken zur Gelbinger Gasse und konnte nicht sehen, wer den Hof betrat. Als Karin aufsprang und davoneilte, drehte ich mich um.

Keller. Er sah müde aus, erschöpft. Ein Küsschen von Karin links, ein Küsschen von Karin rechts. Kellers Gesicht hellte sich auf. Meines verdüsterte sich. Was war denn hier los?

Karin holte einen Stuhl vom Nebentisch und platzierte Keller neben sich. Ich konnte nicht anders, ich musste ihn ein wenig ärgern.

»Du hast mir gerade noch gefehlt«, meinte ich. »Aber Berger schleppst du jetzt nicht auch noch an, oder?«

»Er ist kurz hinter Ulm.«

»Dann kann ich wenigstens noch mein Abendessen genießen.«

»Wer ist dieser Berger eigentlich, von dem ihr dauernd redet? Ein Monstrum?«, fragte Karin.

»Ja«, sagte ich.

»Nein«, sagte Keller gleichzeitig und erläuterte dann: »Berger ist mein Assistent. Dillinger kann ihn nicht leiden. Das ist übrigens eine ganz nette Geschichte. Dillinger war da nämlich eines Abends ...«

»Ich glaube nicht, dass das jemanden interessiert«, unterbrach ich ihn.

»Mich schon«, sagte Karin.

»Also, eines Abends war Dillinger ...«

»Ein Zwickel, Herr Keller?« Die Wirtin wirbelte herbei. Sie wusste, was Keller am liebsten trank, das naturtrübe Fassbier der lokalen Löwenbrauerei.

»Auch etwas zum Essen?«

Keller schüttelte den Kopf.

Karin fasste ihn fürsorglich am Arm.

»Sie müssen etwas essen, Herr Keller, Sie können sich ja kaum noch auf den Beinen halten.«

Hätte ich das zu ihm gesagt, hätte er mich im freundlichsten Fall angeknurrt, dass das seine Sache sei. Aber unter Karins Blick schmolz er geradezu dahin. Sonja und ich sahen uns an und grinsten. Der ewig grummelnde Kommissar zeigte Schwächen im Anblick einer bezaubernden Frau.

»Sie haben recht«, seufzte er. »Den Rostbraten mit Spätzle.«

»Medium, wie immer. Ist schon in Arbeit.« Die Wirtin wirbelte davon.

Bevor sich Karin weiter nach meinem Zusammenstoß mit Berger erkundigen konnte, fragte ich schnell: »Was gibt's Neues?«

Keller holte ein Foto aus der Jackentasche.

»Das ist Freddy.«

Er sah gar nicht übel aus. Feingliedrige Gesichtszüge, die glatten Haare zu einem Pferdeschwanz gebunden. Er hatte Charme, das sah man selbst auf dieser Aufnahme. Ich erinnerte mich nicht, ihn jemals gesehen zu haben.

»Das ist ein Polizeifoto«, stellte ich fest.

Keller nickte. »Wir haben ihn in den Akten. Erinnerst du dich an das Fahrradgeschäft, das kürzlich ausgebrannt ist?«

Es war Brandstiftung gewesen, das hatte sich schnell herausgestellt. Als Täter stand einer der Azubis im Verdacht, der kurz davor entlassen worden war, weil er Ersatzteile geklaut und verscherbelt hatte. Man hatte ihm nichts nachweisen können, deshalb war es nicht zum Prozess gekommen.

»Er hatte ein Alibi für die Tatzeit, das nicht zu erschüttern war«, erläuterte Keller. »Und nun rate mal, wer ihm das gegeben hat.«

»Du wirst es uns gleich sagen.«

»Andrea Frobel.«

»War das echt?«

»Wir hatten gewaltige Zweifel. Aber Andrea blieb dabei,

dass sie zum fraglichen Zeitpunkt mit ihm zusammen war. Und wir konnten das nicht widerlegen.«

Irgendwie war ich erschüttert. Über mich. Über meine Menschenkenntnis. Sicher, allzu gut hatte ich Andrea nicht gekannt, aber nach unseren paar Begegnungen doch geglaubt, sie einschätzen zu können. Sie war nett, sie war fröhlich, sie suchte Spaß, neue Erfahrungen und blieb bei alledem doch etwas bieder. Und dann machte sie gemeinsame Sache mit einem Kleinkriminellen? Was hatte sie daran gereizt? Die Tochter aus behütetem Hause begibt sich mal so richtig in die Niederungen des Lebens? Gangsta-Rap in natura?

»Und jetzt ist Freddy in der Drogenszene aktiv?«

»Er dealt, aber in kleinem Rahmen. Wir haben ihn im Auge. Solange er sich nicht an Kinder heranmacht, lassen wir ihn in Ruhe. Wir sind am ganzen Netz interessiert, an den Hintermännern, nicht an den kleinen Fischen.«

»Freddy ist dabei, sich zu einem großen Fisch zu entwickeln«, mischte sich Sonja ein.

Keller schaute sie fragend an.

»Er versucht offenbar, ein eigenes Netz aufzuziehen, und sucht Leute, die für ihn dealen.«

»Erzählt man sich das in der Szene?«, fragte Keller. Sonja nickte.

»Sie verraten mir wohl nicht, wer das erzählt?«

Sonja schüttelte nur den Kopf, und er insistierte nicht weiter.

Unser Essen kam, und wir machten uns darüber her. Die kleine Miriam stürzte sich auf ihre Schupfnudeln, als hätte sie seit Tagen nichts mehr gegessen.

»Eigentlich darfst du die gar nicht essen«, sagte ich zu ihr.

Sonjas Betthäschen sah mich groß an.

»Du weißt doch, wie Schupfnudeln auf Schwäbisch richtig heißen.«

Sie schüttelte den Kopf. Hätte ich mir denken können.
»Buabaspitzle.«
Miriam wurde rot, Sonja kicherte, Keller grinste, Karin guckte verwundert. »Buabaspitzle?«
»Na, das Ding von kleinen Jungs.«
Karin betrachtete die Schupfnudeln genauer und kicherte auch. Miriam starrte auf ihren Teller. Dann aß sie weiter.
Eine Zeit lang herrschte Schweigen.
»Wenn das stimmt, was Sonja erfahren hat, würde das auch den Stoff in den Wohnungen von Andrea und Ronald erklären«, sagte ich schließlich.
»Auf den Beuteln sind die Fingerabdrücke von Freddy«, berichtete Keller. »Aber nicht die von Andrea oder Ronald. Seltsam, nicht?«
»Das sieht ganz so aus, als hätte man ihnen den Stoff untergeschoben.«
»Möglich.«
»Aber warum?«, fragte Karin.
»Das ist doch offensichtlich, Frau Staatsanwältin. Um den Verdacht auf Freddy zu lenken.«
»Ziemlich plumper Versuch.«
»Der immerhin dazu führt, dass er unsere Kräfte bindet. Wir überwachen Freddys Wohnung. Allerdings hat er sich dort seit gestern nicht mehr blicken lassen.«
»Was habt ihr in der Wohnung gefunden?«
»Ich habe bisher noch keinen Durchsuchungsbeschluss bekommen. Keine hinreichenden Verdachtsmomente, sagt der Richter.«
»Wenn es ein Versuch war, den Verdacht auf Freddy zu lenken, ist er damit ja wohl misslungen.«
»Nur halb. Wir müssen diese Spur auf alle Fälle im Auge behalten. Vielleicht ist es ja auch nur der Versuch, von etwas anderem abzulenken.«
»Und wovon?«

»Ich weiß es nicht. Übrigens haben wir jetzt auch den Laborbericht.«

»So schnell geht das?«, staunte ich.

»Wenn genügend Druck von oben kommt, schon. Andrea Frobel hatte kurz vor ihrem Tod Geschlechtsverkehr, das ist jetzt bestätigt. Aber nicht mit Ronald Seiferheld.«

»Vielleicht mit Freddy?«

»Wir haben von ihm kein DNA-Material.«

»Dann ist ja alles klar«, sagte Karin. »Ronald überrascht sie und bringt aus Eifersucht Andrea um.«

»Und warum nicht Freddy?«

»Der ist abgehauen, hat Ronald aufgelauert und ihn aus Rache erwürgt.«

»Wie bist du nur Staatsanwältin geworden? Oder ist das die Hitze? Diesen Mist glaubst du ja selber nicht!«

»Besser eine schlechte Idee als gar keine«, meinte Karin schulterzuckend.

Keller berichtete weiter: »Unter den Fingernägeln von Andrea waren Faserspuren. Einige davon sind eindeutig Ronalds Tracht zuzuordnen, andere stammen von einer anderen Siederstracht.«

»Alles klar«, sagte Karin und lächelte mich dabei an. »Einer der Sieder war's.«

Ich stöhnte. »An diesem Wochenende laufen vielleicht hundert Leute in solchen Kleidern herum. Körperkontakt ist völlig normal. So wie du dich an Kellers Arm festkrallst, wird man Spuren seiner Jacke unter deinen Fingernägeln finden. Das bringt uns alles keinen Schritt weiter.«

Sie dachte gar nicht daran, ihre Hand wegzunehmen. Und Keller schien es zu gefallen.

»Ich habe Freddy gesehen.«

Es war, als hätte eine Bombe eingeschlagen. Wir alle starrten Miriam verblüfft an. Sie konnte tatsächlich reden. Wenn sie wollte.

»Wann? Wo?«

»Gestern Abend auf dem Unterwöhrd.«

»In der Nähe des Tatortes?«

»Nein. Am Globe. Dort, wo halt alle waren.«

»Und warum sagst du das jetzt erst?«

»Ich habe ihn auf dem Foto wiedererkannt.«

Das war ja nun schon eine Weile her. Hatte sie sich nicht getraut, etwas zu sagen? Oder einfach keine Lust gehabt? Mir war schleierhaft, wie es Sonja mit ihr aushielt. Offenbar hatte Miriam Qualitäten, die mir verborgen blieben.

»Dann war es vielleicht doch Freddy, der mit Andrea in den Büschen war«, sagte Karin nachdenklich.

»Eine Vermutung, nichts weiter«, erwiderte ich. »Du warst selber gestern Abend dort und hast gesehen, wie viele geschlechtsreife Männer sich herumgetrieben haben.«

»Die eine Frage ist, wer«, schaltete sich Sonja ein. »Die andere Frage ist, warum.«

»Ich glaube, der Grund ist im Anmarsch«, sagte Karin. »Da kommt eine Frau mit wirren roten Haaren.«

Sie sagte es so laut, dass es trotz des Stimmengewirrs im Hof nicht zu überhören war. Zumindest nicht von der Frau mit den wirren roten Haaren.

Ich drehte mich um.

Isabel griff sich mit einer Hand in ihre Mähne und schüttelte sie. Sie zog den Bauch ein und reckte den Busen vor. Die Wildkatze stellte sich in Positur. Angriffslustig. Bildete ich es mir ein, oder wurde es an den anderen Tischen tatsächlich still? Übertrieben hüftschwenkend kam Isabel auf uns zu.

Die beiden Frauen musterten sich nicht, sie belauerten sich. Also doch kein Burgfriede. Dabei hatten sie sich heute Nachmittag ganz nett unterhalten. Versteh einer die Frauen!

Isabel holte sich einen Stuhl vom Nachbartisch. Allmählich wurde es eng in unserer Runde. Sie setzte sich natürlich neben mich. Eigentlich hätte mir das gefallen müssen. Eingerahmt von vier schönen Frauen. Na ja, dreieinhalb, Miriam war nicht so mein Typ.

»Eine Frau mit wirren roten Haaren soll Ronald Seiferheld den Kopf verdreht haben«, sagte ich. »Wer kann das bloß gewesen sein?«

»Kopf verdreht! Pah! Wir haben ein bisschen geflirtet, weiter nichts.«

»Ein bisschen? Isabel, ich kenne dich!«

Isabel betrieb ihre Geschäfte notfalls auch mit vollem Körpereinsatz.

»Und wenn schon!«, sagte sie leichthin. »Wen interessiert's?«

»Dein bisschen Flirten hatte Folgen.«

»Stimmt. Ronald war unterschriftsreif. War ja auch der Sinn der Aktion.«

»Offenbar hatte Andrea durchaus den Eindruck, dass da was gelaufen ist zwischen euch. Andrea war sauer auf Ronald. So sauer, dass sie gestern Abend auf dem Unterwöhrd mit anderen Männern rumgemacht hat, um es Ronald heimzuzahlen.«

»Kindische Reaktion.«

»Du willst es nicht verstehen, was? Normalerweise hätte sie so was nicht getan. Normalerweise hätte sie den Abend mit Ronald verbracht. So aber ist sie ihrem Mörder in die Arme gelaufen.«

Plötzlich ging Isabel auf, was ich da eben gesagt hatte. Sie war bestürzt, das sah ich ihr an. »Muss ich mich jetzt schuldig fühlen?«

»Das musst du für dich selber entscheiden.«

Ausgerechnet Karin kam Isabel zu Hilfe.

»Lass dir kein schlechtes Gewissen einreden, Isabel. Was immer war, du bist nicht für Andrea verantwortlich.«

Isabel war ungewohnt kleinlaut. »Vielleicht hat Dillinger doch recht. An Andrea habe ich nicht gedacht.«

»Du denkst nur an dich. Und an deine Geschäfte.«
Keller schaltete sich ein. »Schluss jetzt. Hören Sie nicht auf Dillinger, Frau Walz. Wir wissen im Moment überhaupt nicht, was wirklich vorgefallen ist. Dillinger spinnt sich da was zusammen.«

»Ich spinne nicht, ich denke nur logisch.«

»Und was ist mit dem Mord an Ronald? Ist der auch geschehen, weil Isabel mit ihm geflirtet hat?«, fragte Sonja.

Keller schaute auf die Uhr. »Ich muss los und meine Leute instruieren.«

»Was habt ihr vor?«

»Einige Leute in Zivil mischen sich unters Volk und halten Augen und Ohren offen.«

»Du glaubst doch nicht im Ernst, dass heute Abend irgendwas passiert? Das würde doch überhaupt nicht ins Muster passen.«

Er zuckte mit den Schultern. »So ein Einsatz beruhigt. Vor allem die höheren Dienstgrade.«

Keller ging, beschwingter, als er gekommen war.

Ich wandte mich Isabel zu. »Übrigens habe ich noch eine Information für dich.«

»Und welche?«

Ich schüttelte den Kopf. »Erst will ich dein Angebot hören.«

»Zu Manfred Kurz in Blaufelden?«

»Die Information ist mehr wert.«

»Rosenberg?«

»Waren wir erst kürzlich. Die ›Eisenbahn‹ wäre mal wieder dran.«

»Einverstanden.«

Karin schaute uns verständnislos an.

»Auskünfte und kleinere Dienstleistungen zwischen uns werden mit einer Einladung in eines der Top-Restaurants in der Region honoriert«, erklärte ich ihr. »So haben wir beide etwas davon.«

Karin lachte. »Keine schlechte Regelung. Wenn du mal eine Auskunft von mir brauchst – in München gibt es einige gute Restaurants.«

»Ich werde darauf zurückkommen«, versprach ich.

Isabel wurde ungeduldig. »Könnt ihr später weiterturteln? Was willst du mir sagen?«

»Es gibt kein Testament von Ronald. Wolfgang Dammbach ist also auch der gesetzliche Erbe.«

»Das ist gut.«

»Wieso?«

»Ich habe mich umgehört. Der ist klamm und verkauft garantiert.« Sie stand auf und schüttelte ihre Mähne zurecht. Bereit zum nächsten Angriff. »Dann werde ich mal meine Fühler ausstrecken.«

»Nein, das wirst du nicht. Auf keinen Fall!«

Meine Stimme musste ziemlich scharf geklungen haben. Isabel schaute mich überrascht an.

»Und warum nicht?«

»Setz dich wieder hin, es muss nicht jeder hören.«

Sie tat es.

»Noch wissen wir nicht, wer Ronald und Andrea umgebracht hat«, erklärte ich. »Kann durchaus sein, dass es Dammbach war. Er profitiert am meisten davon.«

Isabel rollte mit den Augen und wandte sich an Karin: »Spielt er wieder Detektiv?«

»Das macht er gar nicht so schlecht«, erwiderte Karin. »Man muss ihm nur etwas unter die Arme greifen dabei.«

»Er braucht eine Hand, die ihn führt.«

»Aber er darf's nicht merken, das würde seinen männlichen Stolz verletzen.«

»Mit seinem Selbstbewusstsein ist es eben nicht so weit her, wie er immer tut.«

»Sonst müsste er sich nicht so aufplustern.«

»Und von Frauen versteht er sowieso nichts.«

»Nicht die Bohne. Da haben wir beide die gleichen Erfahrungen, gell?«

Frauen! Wenn es gegen mich ging, waren sie ein Herz und eine Seele. Dann drehte sich Isabel wieder zu mir. »Als Erbe gerät Dammbach doch als Erster unter Verdacht. Er ist doch nicht blöd.«

»Dammbach ist genauso eine Möglichkeit wie Freddy. Und wenn du ihn jetzt ansprichst, scheuchst du ihn womöglich auf.«

»Vielleicht macht er dann einen Fehler. Wenn er tatsächlich der Mörder ist, muss er ja davon überzeugt sein, dass man ihm nichts nachweisen kann. Alles andere wäre Harakiri.«

»Trotzdem«, beharrte ich, »halt dich zurück, bis der Fall gelöst ist. Bitte. Mir zuliebe.«

Isabel seufzte. »Kann man ihm etwas abschlagen, wenn er diesen Dackelblick hat? Also gut, versprochen.«

»Dann mal los, die Damen, auf zur nächtlichen Show.«

Isabel winkte ab. »Ohne mich! Siederstänze tu ich mir nicht freiwillig an! Diese Lebensphase habe ich hinter mir.«

»Und das sagt eine frischgebackene Erbsiederin?«

»Mein Ruf ist ohnehin ruiniert.«

Ich winkte die Wirtin herbei.

»Sonja, was ist mit dir?«

»Nein. Wir ziehen um die Häuser und hören uns ein bisschen um.«

Die Wirtin kam. Keller hatte doch glatt vergessen zu bezahlen. Hatte er das absichtlich gemacht? Oder hatten ihn die vielen hübschen Frauen verwirrt? Besonders eine davon?

Der Innenhof war mittlerweile fast leer. Die Touristen waren alle schon zum Marktplatz gezogen. Auch wir machten uns auf den Weg.

Vor den Absperrgittern rund um den Marktplatz standen die Menschen in dichten Trauben. Ich sah Keller, neben ihm einen kleinen, dicken Mann in Hochwasserhosen. Ich ging auf die beiden zu.

»Sieh an, sieh an, der Meisterdetektiv ist wieder im Land. Jetzt geht's den bösen Verbrechern aber an den Kragen!«, bemerkte ich boshaft.

Berger drehte sich um. Sein Gesicht zierte ein leichter Sonnenbrand. »Richtig, Dillinger. Einer muss ja verhindern, dass Sie dauernd Leichen liefern.«

»Wer sollte das sein? Ich sehe hier niemanden, der mir das Wasser reichen kann.«

Berger winkte müde ab. Er sah mitgenommen aus und nicht gerade glücklich. Kein Wunder, wenn man aus dem Urlaub zurückgepfiffen wird, und dann die lange Autofahrt. Ich gönnte es ihm.

»Schönen Urlaub gehabt, Berger?«

»Blendend! Herrliches Wetter, gutes Essen, schöne Frauen!«

Sollte unter den schönen Frauen auch eine gewesen sein, die mir gut bekannt war? Die ich aber vielleicht nicht so gut kannte, wie ich dachte? Aber ich würde den Teufel tun, ihn auszufragen.

»Und? Auch Bekannte getroffen dort unten am Gardasee?«

»Klar, einige. Die Welt ist doch klein, nicht wahr?«

Ob ich ihn direkt nach Susan fragen sollte? Nein, diese Blöße würde ich mir nicht geben.

»Willst du uns nicht bekannt machen?«, fragte Karin.

Ich machte es kurz: »Frau Brunner. Berger.«

»Ach, Frau Brunner!« Berger strahlte sie an. »Ich habe schon von Ihnen gehört.«

»Hoffentlich nur Gutes.«

»Das Beste.«

»Das freut mich. Das Kompliment kann ich zurückgeben.«

Mein Gott, Artigkeiten wie in der Tanzschule! Das war

ja widerlich! Und Keller stand daneben, als würde er gar nichts mitbekommen. Dabei konnte Berger nur über ihn von Karin erfahren haben.

»Komm, Karin, wir müssen uns einen Platz suchen.«

»Wir sehen uns bestimmt noch, Herr Berger.«

»Das will ich doch hoffen, Frau Brunner.«

Er gab ihr tatsächlich einen Handkuss. Das war nur diese Hitze, tröstete ich mich, da spielten alle verrückt. Ich spielte mit.

»Auf Wiedersehen, Herr Berger«, sagte ich.

»Auf Wiedersehen, Herr Dillinger«, antwortet er.

Das war ja geradezu besorgniserregend. Normalerweise spuckte er Gift und Galle, wenn er mich sah, und ich spuckte genüsslich zurück. Doch ganz ohne kleine Gemeinheit konnten wir nicht auseinandergehen.

»Passen Sie auf, dass Sie nicht auf Ihrer Schleimspur ausrutschen«, flüsterte ich ihm zu.

Er fauchte nicht zurück, sondern lächelte nur müde.

Zugegeben, ich war auch schon geistreicher gewesen.

»Schau mal, da ist Olga!«, sagte Karin.

Vor dem Eingang zum »Goldenen Adler« stand Tantchen mit ihrem Verehrer. Wir gingen hinüber und überredeten sie zum Logenplatz in Karins Zimmer. Eine Stunde auf der harten Treppe zu sitzen war nichts für alte Damen.

Wieder ein kurzer Austausch von Höflichkeiten. Kurt Feyerabend, der stellvertretende Haalhauptmann, sah Karin begehrlich an. Wahrscheinlich hätte er seine Begleitung gerne getauscht.

»Ich muss nachher mit dir reden«, flüsterte mir Tante Olga zu. »Es gibt Neuigkeiten.«

Dann verschwand sie mit ihrem Begleiter im Hotel.

Die Treppe vor St. Michael war dicht besetzt. Wir drängelten uns durch und ignorierten die unwilligen Bemerkungen. Es war gar nicht so einfach, auf den Treppen zu balancieren, ohne auf Füße und Hände, Kinder und Hunde zu treten. Ich schob Karin vor mir her, ihr machten die Männer bereitwillig Platz. Mit ihrem Mini hatte sie wenigstens genügend Beinfreiheit.

Ungefähr in der Mitte der Treppe sah ich eine kleine Lücke. Die Nachbarn rückten bereitwillig zur Seite, wir quetschten uns dazwischen.

»Was trägst du eigentlich unter deinem Röckchen?«
»Das geht dich nichts an.«
»Einige Herren hatten fast Genickstarre.«
»Wie unfein, einer Dame unter den Rock zu schauen.«
»Wenn sie's proviziert ...«
»Ich war, ehrlich gesagt, nicht auf diese Kraxelei vorbereitet.«
»Warum hast du eigentlich so herumgeschleimt mit Berger?«
»Der ist doch süß!«
Süß? Was war an dem bloß süß? Das musste ich noch mal genauer erforschen. »Aber sein Sächsisch!«
»Sächsisch ist erotisch.«
Versteh einer die Frauen!

Eine fiebrige Erwartung lag in der Luft. Viele kannten das Spektakel, hatten es vielleicht schon mehrmals gesehen, trotzdem warteten alle gespannt. Und viele von ihnen hatten mittlerweile gehört, was vorgefallen war. Das steigerte die Erregung.

Zuerst hörte man die hellen Fanfaren, dann gesellten sich dumpfe Trommeln dazu. Die hohen Kornetts fielen ein, die Melaphone mischten sich dazu. Als die Blasinstrumente aussetzten, waren nur noch die Trommler zu hören, die tiefen Landsknechttrommeln, die Tenortrommeln, die Paradetrommeln. Der Rhythmus entfaltete einen eigenartigen Sog, gespenstisch und mitreißend zugleich.

Wieder setzten die Bläser ein, und dann bogen sie um die Ecke auf den Marktplatz. Vorneweg der Fahnenträger und der Tambourmajor, dann der Spielmannszug, die Tänzer, die Schützenkompanie, die Fahnen-, Kuchen- und Kannenträger. Sie stellten sich auf, eine kleine Kanone wurde herbeigeschafft und mit Papier gestopft.

Und dann folgte der Satz, der das Wochenende begleitete wie die Trommeln und Fanfaren: »Liebe Gäste, bitte halten Sie sich die Ohren zu. Danke!«

Die Kanone wurde gezündet. Als der Schuss losging, hüpfte die Kanone in die Höhe und spuckte Rauch und Papierfetzen. Die Sieder liebten ihre Knallerei.

»Erinnerst du dich an den ersten Programmpunkt morgen früh um sieben Uhr? Böllerschießen!«

Karin stöhnte. Im Erkerfenster des »Goldenen Adlers« lehnten Tante Olga und ihr Verehrer. Ich winkte ihr zu, aber natürlich sah sie mich nicht.

Der Erste Hofbursche begrüßte die Gäste in Reimen, mahnte die Burschen, sich zu zügeln, und die Mädchen, nicht so schüchtern zu sein. Drei Männer in schwarzen Umhängen, die den Stättmeister und zwei Ratsherren darstellten, erinnerten daran, dass »in Sitte und Anstand« gefeiert werden solle. Die Ermahnungen hatten ihren Sinn, damals wie heute. In früheren Jahrhunderten war das Siedersfest bisweilen verkürzt oder gar verboten worden, weil es im Vorjahr allzu wild zugegangen war.

Die Sieder ehrten langjährige Mitglieder, begleitet von Trommelwirbeln und Salutschüssen. Karin gähnte.

Langsam brach die Dämmerung herein. In der Ferne war ein dumpfes Grollen zu hören. Irgendwo tobte ein Gewitter und schob noch mehr schwüle Luft in die Stadt.

Wasserplätschern ertönte, eine Tonbandstimme erzählte vom »Hoolgaaschd«, und dann tauchte er leibhaftig am Pranger auf, mit spitzer Nase und Hörnern auf der Stirn, und huschte hinauf zu St. Michael.

Karin schaute irritiert. »Worum geht's hier eigentlich?«

Der »Hoolgaaschd«, der Haalgeist, war Teil der Siedersfolklore. Der Sage nach wachte er über die Salzquelle und warnte die Sieder vor drohendem Hochwasser: »Doovelich, räumt aus, 's kummt a groß Wasser« – der Einbruch von »wildem Wasser« in die Sole war gefürchtet. Der Hoolgaaschd war ein gutmütiger Geselle, der allerhand Schabernack trieb, aber auch ungemütlich werden konnte, wenn die Sieder den nötigen Respekt vermissen ließen.

Unterdessen war es dunkel geworden, die Sieder führten ihren Fackeltanz auf.

»Romantisch«, sagte Karin und lehnte ihren Kopf an meine Schulter. Ich fand es eigentlich nicht romantisch, sondern steinhart. Mir tat der Hintern weh. Morgen musste ich ein Sitzkissen mitnehmen.

Mit einem Salut der Schützenkompanie ging die Marktplatzbeleuchtung an, der Spielmannszug spielte, alle marschierten, und dann waren sie weg. Man hörte die Band vom Unterwöhrd. Der Übergang von der Marschmusik zu den Klängen von heute war reibungslos.

»Das war schon alles?«, fragte Karin.

»Morgen gibt's mehr, den ganzen Tag«, versprach ich.

Mit den anderen Zuschauern stiegen wir die Treppen hinab und gingen zu Keller und Berger, die am Rathaus standen. Ich schaute Keller nur fragend an, er schüttelte den Kopf. Natürlich. Was hätte hier auch schon passieren können? Andererseits: Ein gut platzierter Schuss wäre im Krachen eines Saluts untergegangen.

»Wir müssen auf Tante Olga warten«, erklärte ich Keller.

Wenig später standen Karin und ich vor dem Eingang des Hotels. Es dauerte.

»Was machen die bloß so lange?« Ich wurde ungeduldig.

»Bestimmt nicht das, woran Männer wie du zuerst denken.«

»Ich denke an einen schönen kühlen Weißwein. Über den Rest des Abends werden wir uns dann schon einigen.«

»Bist du dir da sicher?«

»Aber klar. Wer kann mir schon widerstehen? Außerdem bist du ja in einer romantischen Stimmung.«

»Ich fand es romantisch, wie der Marktplatz nur von den Fackeln beleuchtet war. Etwas anderes habe ich nicht gemeint.«

»Ach so.«

»Außerdem musst du einen Mörder jagen gehen, schon vergessen?«

»Du kannst so unromantisch sein.«

»Ach, Dillinger, manchmal wäre es besser, wenn du einfach die Klappe hältst.«

»Habe ich etwas Falsches gesagt?«

»Ich habe nur gerade einen akuten Anfall von Müdigkeit. Ich habe mir dieses Siedersfest nicht so anstrengend vorgestellt.«

Tante Olga kam, am Arm von Kurt Feyerabend. Tantchen hatte rote Backen und strahlte. Feyerabend strahlte auch.

»War das nicht romantisch!«, rief sie. Offenbar empfanden das Frauen jeden Alters so. Musste ich mir merken. Oder meinte Tante Olga etwas anderes?

Sie lief auf mich zu, umarmte mich und flüsterte mir ins Ohr: »Ich muss mit dir reden. Alleine.«

Ich zwinkerte Karin zu. Ich musste mehrmals zwinkern, bis sie endlich kapierte. Sie machte Konversation mit Feyerabend. Sie musste sich nicht sonderlich anstrengen. Er verschlang sie mit den Augen.

Tante Olga zog mich auf die Seite. »Der Dammbach ist hoch verschuldet.«

Das wusste ich bereits, doch ich sagte nichts. Ich gönnte Tante Olga ihren Triumph.

»Und niemand kann ihn leiden. Der hat Krach mit allen.«

»Mit jemandem mehr als mit anderen?«

»Auf alle Fälle mit dem Ronald. Und dann – ach, ich

kann mir diese vielen Namen immer nicht merken. Irgendwas mit Kohl oder Kehl.«

»Vielleicht Kelheimer? Hans Kelheimer?«

»Genau!«

Kelheimer war der Tambourmajor, der Leiter des Spielmannszuges.

»Und dann fiel noch ein Name, so ähnlich wie Hall.«

Was fiel mir denn da so ein?

»Hallwachs? Hallmann? Halter? Halberg?«

»Halberg war's!«

Werner Halberg. War lange Zeit Erster Hofbursche gewesen. Jetzt war er so etwas wie die Graue Eminenz. Ohne seinen Segen lief nichts bei den Siedlern.

»Aus welchem Grund hatten sie Streit?«

»Da hat Kurt etwas herumgedruckst.«

Kurt. So, so. Die beiden waren sich ja schon recht nahegekommen.

»Das finde ich heraus, Tantchen. Das hast du auf alle Fälle großartig gemacht.«

Wir gesellten uns wieder zu Karin und Feyerabend. Die beiden schienen sich bestens zu amüsieren.

»Schau mal, Dieter, wie der mit Karin balzt.«

»Eifersüchtig?«

»Ach wo! Karin ist keine Konkurrenz für mich.«

»Was steht noch auf dem Programm bei euch?«

»Ein kleiner Schlummertrunk.«

»Bei ihm oder bei dir?«

Sie schaute mich schelmisch an. »Erst einmal in einer Bar. Und ihr?«

»Mit ein paar Leuten plaudern auf dem Unterwöhrd.«

»Wenn ihr heimkommt: Du weißt, ich habe einen festen Schlaf.«

»Und bei uns wird es sicherlich spät. Du hast sturmfreie Bude.« Ich zwinkerte ihr zu. »Bleib anständig, Tantchen!«

Sie zwinkerte zurück. »Warum?«

Auf dem Unterwöhrd war die Hölle los. Viel Jungvolk, aber auch ältere Semester wie wir. Noch ältere sogar. Wie gestern spielte eine Band. Sie war vor allem laut. Die Sängerin mühte sich heroisch, aber sie war nicht Janis Joplin.

Man hätte annehmen können, dass sich niemand auf den Unterwöhrd traute, nachdem hier in der vergangenen Nacht zwei Menschen ermordet worden waren. Doch das Gegenteil war der Fall. Es war voller als gestern. Gedrückte Stimmung? Von wegen, allenfalls bei den Siedern, wenn man genau hinschaute. Kümmerte es die Leute nicht? Hatten sie keine Angst? Oder fanden sie es aufregend? Mitten drin in einer Reality-Soap? Vielleicht konnte man später mal erzählen, dass der Mörder neben einem gestanden und geduldig auf sein Bier gewartet hatte.

Eine Gruppe Jugendlicher übte sich im Kampftrinken. Nichts hatte sich geändert seit damals. »Die Sieder sollen ihr übel gewohntes Saufen bey Straf einstellen«, hieß es in einem Ratsprotokoll von 1657. Für viele junge Leute war das Pfingstfest nur eine weitere Gelegenheit, Party zu machen. Anlass und Hintergrund interessierten sie nicht. Wahrscheinlich wussten sie auch gar nichts davon.

Die Kampftrinker waren schon ziemlich weit fortgeschritten und nicht mehr sicher auf den Beinen. Ein Junge im Grufti-Look, dem die langen schwarzen Haare über das bleiche Gesicht hingen, rempelte uns an. Das Bier aus seinem Krug schwappte auf Karin.

»Pass doch auf, du Idiot!«, fauchte sie ihn an.

»Reg dich ab, Oma«, motzte er zurück.

»Rotzbengel!«

Karin war dabei, wütend zu werden. Ich zog sie weiter. Es brachte nichts, mit den Jungs Stress anzufangen.

Der Schreibwarenhändler kam uns entgegen, Arm in Arm mit einer jungen Frau. Verteufelt hübsch.

»Doch nicht am Gardasee?«, fragte ich erstaunt.

»Wo's hier so schöne Frauen gibt«, konterte er grinsend.

Er pflegte seine Freundinnen ungefähr jedes halbe Jahr zu wechseln, weiß der Himmel, wie er die immer bezirzte. Die Frauen wurden immer jünger, schien es. Stimmte aber nicht. Nur er wurde älter. Die Frau an seiner Seite musste ihm im Lauf des Tages begegnet sein, er war bestimmt nicht hierher gekommen, um eine Frau aufzureißen. Wahrscheinlich eine Touristin.

»Ich dachte, Sie haben es nicht so mit den Siedern?«, fragte Karin ihn.

»Mit den Saufsiedern hier? Weiß Gott nicht. Die muss man eben ertragen. Aber mit einer tollen Frau an seiner Seite…«

Die tolle Frau sagte nichts, sondern lächelte nur geschmeichelt.

»Schön romantisch hier, was?«, sagte ich.

»Wenn die Musik und die Sieder nicht wären«, meinte er.

Die tolle Frau sah so aus, als würde sie die Musik durchaus goutieren.

Wir drängten uns weiter.

Die Polizei zeigte Präsenz. Paarweise waren die Uniformierten unterwegs und blickten angespannt um sich. Es war eine nutzlose Aktion. Sie mochten vielleicht beruhigen, doch wirklich etwas ausrichten konnten sie nicht. Es war unmöglich, den ganzen Bereich mit diesen vielen Menschen zu überwachen.

Nicht mal die Teenies, die schon längst zu Hause hätten sein müssen, ließen sich von den Polizisten beeindrucken. Sie hatten ein feines Gespür dafür, dass die Bullen heute nicht in erster Linie da waren, um ihr Alter zu kontrollieren.

Keller und Berger waren nirgends zu sehen. Wenigstens die Sieder waren an ihrer Tracht leicht zu erkennen. Eine Gruppe stand um den Ausschank hinterm Globe, unter ihnen Hans Kelheimer, der Tambourmajor, ein kleiner, drahtiger Mann in den Vierzigern, der sich immer extra zum Pfingstfest einen Landsknechtbart wachsen ließ.

Ich kannte ihn nicht persönlich, und mir fiel keine einleuchtende Begründung ein, um ihn auszufragen. Wir stellten uns einfach dazu und machten Konversation mit denen, die ich kannte. Ganz von selbst wurden wir in die Gespräche mit einbezogen.

Die Stimmung war gespannt, aber alle vermieden es, über Andrea und Ronald zu sprechen. Ein kollektiver Verdrängungsmechanismus blendete einfach aus, was geschehen war. Verständlich, aber ich wollte keine Rücksicht darauf nehmen.

»Hatte Andrea eigentlich wieder Kontakt zu Freddy?«, fragte ich.

»Welcher Freddy?« Der da hatte die Geschichte offensichtlich gar nicht mitbekommen.

»Ach was«, sagte ein anderer, »das war doch nur eine kurze Affäre. Andrea war mit Ronald zusammen. Hübsches Pärchen, die schöne Andrea und unser Supersieder.«

»Zwischen denen hat es doch gekriselt.«

»Das hätte sich schon wieder eingerenkt.«

Ich hatte mich mittlerweile näher zu Kelheimer herangeschoben. Karin war zu einer anderen Gruppe von Siedern abgewandert.

»Dammbach hat sich ja auch um Andrea bemüht«, sagte ich.

»Dammbach! Den hat die Andrea ganz schön abblitzen lassen. Und gegen Ronald hatte der sowieso keine Chance.«

»Da war der wohl mächtig sauer, der Dammbach?«

»Das kannst du laut sagen. Er hat sich sogar mit Ronald angelegt. Der hätte ihm die Freundin ausgespannt, hat er gesagt. Aber so weit ist es gar nicht gekommen, da gab's nichts zum Ausspannen.«

Alle lachten. Das Gespräch ging hin und her, jeder mischte sich ein und redete mit. Fast schienen sie jetzt sogar erleichtert, über Andrea und Ronald sprechen zu können.

»Der Dammbach legt sich doch mit jedem an.«

»Sie hatten ja auch Zoff mit ihm, oder?«, fragte ich Kelheimer direkt. Endlich war ich dort, wo ich hin wollte.

»Eher umgekehrt«, sagte Kelheimer. »Er mit mir.«

»Warum?«

»Er wollte unbedingt zum Spielmannszug. Aber er ist völlig unmusikalisch. Ich war ja wirklich geduldig, aber es ging einfach nicht. Nicht mal an der Trommel hat er was getaugt. Er kann keinen Rhythmus halten.«

»Ist ja eigentlich nichts Ehrenrühriges, wenn man unmusikalisch ist.«

»Er hat's nur nicht eingesehen. Er hat gesagt, das seien persönliche Gründe. Weil ich ihn nicht leiden kann. Weil er nicht so viel wert sei wie die anderen. Blödsinn!«

»Der Dammbach hat ein Problem mit sich selbst«, mischte sich ein anderer ein. »Er glaubt, er wäre ein minderwertiger Sieder, weil er keine geradlinige Ahnentafel hat wie Ronald, sondern durch Einheiratungen und Vererbungen zu seinem Siedensanteil gekommen ist.«

»Und? Ist er deshalb minderwertig?«

»Quatsch! Heutzutage spielt das doch keine Rolle mehr.«

Da war ich mir keineswegs so sicher. Die Sieder unterschieden genau zwischen »Armen« und »Reichen«. Wirtschaftlich war das nicht mehr bedeutsam, aber es bestimmte den Stellenwert innerhalb der Siedersgemeinschaft. Nach allem, was ich gehört hatte, war Ronald Seiferheld ja mächtig stolz auf seinen Stammbaum gewesen.

»Der Dammbach meint, er muss eine große Rolle im Siedershof spielen. Aber nichts hat geklappt. Beim Spielmannszug nicht, und bei den Tänzern auch nicht.«

»Warum auch bei den Tänzern nicht? War er zu ungeschickt?«

»Ich sag's, wie's ist: Keine wollte ihn als Partner haben.«
»Ein Grapscher.« Das kam von einer der Tänzerinnen.
»Er ist einfach ein unangenehmer Typ.«
Unangenehm: Das war auch mein Eindruck gewesen, wenn ich an meinen einzigen Besuch in seiner Bar zurückdachte. Dammbach konnte einem leidtun. Wie es Menschen gab, die immer so wirkten, als kämen sie frisch aus der Dusche, gab es andere, die man nicht mit der Kneifzange anfassen wollte.

»Wie war das eigentlich mit seiner Bar damals?«, fragte ich.

»Mich hat er rausgeschmissen«, erklärte eine Frau.

»Stimmt, du hast doch vorher in der ›Tanne‹ geschafft.«

Ich erinnerte mich. Dammbachs »Take Five« war zuvor die »Grüne Tanne« gewesen, eine Eckkneipe aus alter Zeit. Holzgetäfelte Wände, blank gescheuerte Tische. Die Stammkundschaft traf sich hier zu einem Bier oder Wein und zum Plaudern, es war fast eine Art Trinkstube wie im Mittelalter. Zu essen gab es nur deftiges Vesper: Wurstsalat, Dosenwurst vom Bauern, Geräuchertes. Deshalb war ich selten dort gewesen. Als die Besitzer altershalber aufhörten, hatte Dammbach das Lokal übernommen und seine schicke Bar daraus gemacht. Die Frau, deren Namen mir nicht einfiel, hatte in der »Tanne« als Bedienung gearbeitet.

»Und weißt du, warum er mir gekündigt hat? Weil ich ihm zu alt war!«

Die Frau mochte Ende dreißig sein und war etwas mollig. Die Bedienungen in Dammbachs Bar waren halbe Kinder gewesen, ausgehungert und aufgetakelt, erinnerte ich mich. Es hatte aber auch nichts geholfen, Dammbach konnte sich trotzdem nicht halten.

»Was hat er gemacht, nachdem er pleiteging?«

»Zuletzt hat er beim Halberg gearbeitet, aber da ist er rausgeflogen.«

Ich sah mich suchend um. Halberg war nirgends zu sehen. Dann auf ins Gewühl! Ich entführte Karin ihren Gesprächspartnern, was denen ersichtlich nicht recht war.

»Und? Was erfahren?«, fragte Karin.

»Dammbach ist unter den Siedern der böse Bube. Keiner kann ihn leiden, und wenn nur die Hälfte von dem stimmt, was erzählt wird, kann ich das auch nachvollziehen.«

»Auch zu Ronald gibt es geteilte Meinungen. Er war wohl so weit ganz in Ordnung, aber sehr stolz auf seine Herkunft. Zu stolz, wie manche sagen. Und jetzt?«

»Ich suche den Menschen, bei dem Dammbach zuletzt gearbeitet hat.«

»Hier jemanden zu finden ist ja wie die Suche nach der Nadel im Heuhaufen«, sagte Karin.

»Darin habe ich Erfahrung«, murmelte ich.

Wir schoben uns durch die Menge. Der Mensch ist ein Herdenwesen. Er versammelt sich mit Vorliebe dort, wo schon andere seiner Spezies dicht gedrängt stehen. Keiner machte freiwillig Platz.

Und dann sah ich ihn. Mit einer Gruppe anderer Männer stand er vor dem Schaschlik-Stand.

»Da drüben ist Freddy«, raunte ich Karin zu.

Ich machte rücksichtslos von meinen Ellbogen Gebrauch. Die meisten ließen sich auf die Seite schieben. Aber einem kippte ich das Bier aufs Hemd. Kollateralschaden.

»Entschuldigung!«, rief ich.

Ich drängte weiter. Eine Hand packte mich am Kragen.

»Nix Entschuldigung! Du hast mein Hemd versaut!«

»Kann ja mal passieren.«

Er gab mir einen Stoß und brachte mich aus dem Gleichgewicht. Weit fiel ich nicht. Ich prallte gegen einen anderen Mann. Der schubste mich zurück.

Erstaunlich, wie schnell Platz gemacht wird, wenn zwei sich prügeln. Wie auf Kommando wich die Menge zurück, und der nächste Stoß warf mich ärschlings auf den Boden.

Der Mann war sofort über mir und knallte mir eine. Ich wand mich. Wir wälzten uns im Staub wie kleine Jungs auf dem Pausenhof. Ich konnte ihn nicht abschütteln. Er war schwerer als ich und auch stärker, wie ich einsehen musste. Die Menge um uns herum johlte.

Er hatte mich auf den Rücken gedreht, hielt mich mit der einen Hand fest und holte mit der anderen wieder aus. Ich versuchte, den Schlag abzublocken. Aber es kam kein Schlag. Sein Arm wurde von eisernen Fingern festgehalten.

»Es reicht jetzt«, sagte eine tiefe, ruhige Stimme.

Mein Kontrahent versuchte sich wütend zu befreien und wollte auf den losgehen, der ihn da festhielt. Dann ließ er es lieber bleiben. Vor ihm stand ein großer, schwerer Mann. Man spürte die Kraft, die in der Masse steckte. Sein Blick war gelassen, aber die Warnung, die von diesem Blick ausging, war eindeutig. Norbert Czichon, der Viehhändler.

Der Prügelknabe verzog sich maulend, und er tat gut daran. Czichon war mal Fallschirmjäger gewesen. Das konnte der andere nicht wissen, aber er hatte gespürt, dass er gegen ihn keine Chance gehabt hätte. Die Menge schloss sich wieder um uns, als sei nichts gewesen.

»Was tun Sie denn hier?«, fragte ich keuchend.

»Versicherungsvertreter retten.« Sein Grinsen hatte immer etwas Süffisantes an sich, als könne er sein Gegenüber nicht ernst nehmen.

»Ewiger Dank sei Euch gewiss«, sagte ich salbungsvoll. »Lange nicht mehr gesehen.«

»Zwischen heut' und morgen liegt eine lange Frist.« Der Viehhändler zitierte gerne Goethe.

»Sie haben was gut bei mir.«

»Ich komme darauf zurück.«

»Nichts für ungut, aber ich muss weiter. Wir sehen uns!«

Ich drängelte mich durch die Menge, aber es war schon zu spät. Freddy war nirgends mehr zu sehen. Auch Czichon war wieder in der Menge verschwunden. Von Karin ebenfalls keine Spur. Und ich war staubbedeckt von Kopf bis Fuß.

An meiner linken Wange spürte ich eine Schramme. Ich klopfte mich ab, so gut es ging. Meine Hose sah übel aus. Gut, eine Reinigung würde das wieder in Ordnung bringen. Ich inspizierte meine Kiton-Jacke und entdeckte am linken Ärmel einen langen Riss. Das durfte doch nicht wahr sein! Die war eindeutig hinüber. Ich war den Tränen nahe. Das war mein Lieblingsstück, und es hatte ein Vermögen gekostet.

Ich war stinksauer. Jetzt war die Mörderjagd endgültig eine persönliche Sache geworden. Der musste mir die Jacke ersetzen! Schließlich war sie dem Dienst an der guten Sache zum Opfer gefallen.

Aber in dieser Stimmung ließ ich mich besser nicht auf die Leute los, ich musste mich erst einmal beruhigen, verdammter Mist aber auch!

Ich erkämpfte mir ein Bier, trank gleich den ersten Schluck, damit ich ja niemandem etwas auf die Kleider schüttete, und verzog mich an die Kochermauer neben dem Roten Steg. Hier war das Gedränge gemäßigter.

Zwei Männer kamen entschlossenen Schrittes auf mich zu, beide gut gebaut, blond der eine, schwarzhaarig der andere. Drohte da schon der nächste Ärger? Ich machte mich darauf gefasst, dem einen das Bier ins Gesicht zu schütten und dem anderen den Krug auf den Kopf zu hauen, und sah mich nach einem Fluchtweg um. Ich wollte mich nicht schon wieder prügeln.

Der eine hielt mir einen Ausweis unter die Nase und sagte höflich: »Können Sie sich ausweisen?«

Eine Zivilstreife, auch das noch! Ich kramte meinen Ausweis hervor. Der Schwarzhaarige nahm ihn entgegen, ging etwas abseits und sprach in ein Funkgerät.

Der Blonde musterte mich derweil eingehend. »Streit gehabt?«

»Ach was, ich bin nur gestolpert.«
»Gestolpert, aha.«
Ich hätte mir auch nicht geglaubt, so wie ich aussah.
»Wir haben das etwas anders gesehen.«
»Vergessen Sie's. Nur eine kleine Rangelei.«
Der Schwarzhaarige kam zurück und reichte mir meinen Ausweis.
»In Ordnung«, sagte er. »Aber halten Sie sich in Zukunft etwas zurück.«
Dann gingen sie weiter.

Ich atmete tief durch und trank mein Bier in kleinen Schlucken. Komisch, dass einem bei einer Polizeikontrolle immer ein wenig das Herz flattert, auch wenn man nichts verbrochen hat.

Langsam beruhigte ich mich wieder. Ich verzichtete auf das Pfand, ließ den Bierkrug auf der Mauer stehen und machte mich auf die Suche nach Halberg. Wieder schob ich mich durch die Leute, vorsichtiger jetzt – die eine Rangelei reichte mir.

In einer Gruppe von Siedern machte ich Halberg aus. Wir kannten uns. Er betrieb einen großen Elektromarkt mit einigen Filialen in der Region und war einer meiner guten Kunden. Nun stand er mit einer Gruppe von Leuten zusammen, ein Weinglas in der Hand. Ich zog ihn beiseite.

»Wie sehen Sie denn aus?«, fragte er.

»Bin gestolpert, nichts weiter. Bei Ihnen war doch Wolfgang Dammbach beschäftigt?«

Er nickte.

»Warum haben Sie ihn entlassen? Hat er goldene Löffel geklaut?«

»Sagen wir mal so: Die Chemie zwischen ihm und meinen Mitarbeitern hat nicht gestimmt.«

»Wolfgang ist ja ein eher eigenwilliger Mensch.«

»Das ist die positive Umschreibung. Man könnte auch sagen, er ist ein Kotzbrocken. Intrigant und neidisch. Und außerdem hat er so eine Art Verfolgungswahn. Glaubt immer, dass ihm die anderen übelwollen. Dabei ist das gar nicht so. Er provoziert solche Reaktionen durch seine Art.«

»Und trotzdem haben Sie ihn eingestellt.«

»Das war ein Fehler. Aber unter Siedern hilft man sich eben, wenn man kann. Und er hat einen Berg Schulden.«

»Im Siedershof hat er ja auch Schwierigkeiten.«

»Falsch. Er macht Schwierigkeiten. Hier benimmt er sich nämlich genauso. Bisher war er übrigens immer so eine Art Mitläufer: Er war dabei, aber hat sich nie besonders engagiert. Erst vor Kurzem hat er seinen Status als Erbsieder neu entdeckt, fragen Sie mich nicht, warum. Plötzlich wollte er überall mitmischen. Und immer vornedran. Und wenn das nicht so geklappt hat, wie er es sich vorgestellt hat, war er sauer und hat die anderen beschimpft, weil sie ihn angeblich benachteiligen. Ich hatte erst kürzlich eine heftige Auseinandersetzung deswegen mit ihm. Unter uns: Er ist ein Arsch, und es wurde Zeit, dass ihm das mal einer deutlich sagt. Hat ihm gar nicht gefallen. Aber natürlich ist er sowieso sauer auf mich, seit ich ihn rausgeschmissen habe.«

»Wo arbeitet er jetzt?«

»Keine Ahnung. Ich glaube, er hat noch keinen neuen Job. Er wird bestimmt auch so schnell keinen finden. Wenigstens nicht bei einem von uns Siedern. Da ist er endgültig unten durch. Das habe ich ihm schon klargemacht.« Plötzlich sah er mich misstrauisch an. »Weshalb fragen Sie eigentlich? Ist was mit ihm?«

»Ach, nur so. Er will eine Versicherung von mir«, log ich. »Und man weiß ja gerne, mit wem man es zu tun hat.«

Ich entdeckte Karin und Keller etwas abseits an einem der Biertische, Berger war nirgends zu sehen. Karin sagte etwas zu Keller, und Keller lachte. Keller lachte! Das hatte ich noch nie erlebt.

Ich beobachtete sie eine Weile. Sie schienen sich prächtig zu unterhalten. Ich trat näher. »Störe ich?«

Keller schaute mich an. »Wie siehst du denn aus?«
Klar, jeder fragte das.
»Er hat sich geprügelt«, erklärte Karin.
»Hast du wenigstens gewonnen?«
»Unentschieden. Mir hat die Unterstützung meiner Fans gefehlt. Wo warst du, Karin?«
»Kein Durchkommen. Zu viele Zuschauer. Ich habe nicht mal genau gesehen, was geschehen ist.«
Ich setzte mich zu ihnen. »Ich habe Freddy gesehen. Aber er ist mir entwischt.«
»Freddy? Eigenartig. Ich hätte eher erwartet, dass er untertaucht«, sagte Keller.
»Wie ist das mit dem Mörder, den es an den Ort der Tat zurückzieht?«
»Ammenmärchen.«
»Vielleicht war er's doch nicht, wenn er sich hier zeigt.«
»Möglich. Das werden wir ihn fragen, wenn du das nächste Mal etwas schneller bist«, sagte Keller.
»Wieso ich?«, protestierte ich. »Das ist doch eure Aufgabe!«
»Ich wollte das eigentlich an dich delegieren, aber nun sehe ich, dass du als Hilfssheriff doch nicht geeignet bist.«
»Aha, delegieren wolltest du das. Weil ältere Herrschaften nicht mehr so gut zu Fuß sind, oder?«
»Ältere Herrschaften haben gelernt, ihre Kräfte einzuschätzen. Deshalb verlasse ich euch jetzt und gehe ins Bett.«
»Bleib doch noch ein bisschen, Peter. Das ist so eine herrliche Nacht!«, bat Karin.
Keller schüttelte den Kopf. »Der Tag war anstrengend. Und ich habe Schlaf nachzuholen.«
»Ihr solltet euch Wolfgang Dammbach mal genauer ansehen«, sagte ich.
»Wer ist Wolfgang Dammbach?«
»Auch ein Sieder. Und der Erbe von Ronald Seiferheld.«
»Und?«

»Das klassische Motiv.«
»Und wer gerät dabei als Erster in Verdacht?«
»Es soll Menschen geben, die sich für intelligenter halten als die Polizei.«
»Wir werden uns um ihn kümmern. Morgen. Jetzt ruft erstmal mein Bett.«
Er ging davon.
»So, so, man duzt sich also«, stellte ich fest.
»Na und?«
»Ich bin eifersüchtig.«
»Schön.«
»Wollen wir's noch mal mit dem Gebüsch unten am Fluss versuchen?«
»Damit wir wieder über eine Leiche stolpern? Danke, kein Bedarf.«

Wir schlenderten ein bisschen herum. Ich sah weder Freddy noch Dammbach. Eine Weile beobachteten wir die Bemühungen der Band. Dann sagte Karin: »Geht's dir auch so? Entweder ist die Band wirklich schlecht, oder ich werde alt.«

»Oma, das kann nur an der Band liegen. Lass uns verschwinden. Ich habe einen wunderbaren Rueda kaltgestellt.«

»Zeigst du mir auch deine Briefmarkensammlung?«
»Mit Vergnügen.«

In der Ferne zuckten Blitze und ließen die schwache Hoffnung auf etwas Abkühlung aufkeimen.

Der Rueda, ein lupenreiner Verdejo, war genau das Richtige für eine heiße Nacht. Die Luft stand, kein Windhauch war zu spüren, obwohl ich alle Fenster geöffnet hatte. Der Rueda war frisch, seine Säure kitzelte den Gaumen.

Tante Olga war noch nicht zurück. Wir plauderten über dies und jenes, nur nicht über Andrea und Ronald und Freddy. Auch nicht über Keller.

Als ich irgendwann im Lauf des Abends vom Klo zurückkam, hatte sich Karin auf meinem Sofa drapiert. Sie machte sich gut auf dem schwarzen Leder. Vor allem, weil sie nichts mehr anhatte.

»Es ist immer noch so heiß«, sagte sie.

Schweigend starrte ich sie an.

»Und? Wie habe ich mich gehalten? Das wolltest du doch sehen.«

Wie auch immer: Sie sah phantastisch aus.

Langsam stand sie auf und kam auf mich zu. Sie knöpfte mir den Gürtel auf, zog den Reißverschluss nach unten und ließ die Hose fallen.

Ich wusste nicht, ob ich das jetzt wollte. Ich wusste auch nicht, ob ich etwas dagegen hatte.

Karin öffnete den Mund und fuhr sich mit der Zunge über die Lippen wie in einem schlechten Film.

In diesem Moment klingelte das Telefon.

»Lass es klingeln«, murmelte Karin. Ihre Hände waren beschäftigt.

Es klingelte, wieder und wieder.

Aus einem plötzlichen Impuls heraus entwand ich mich und ging zum Telefon. Vielmehr, ich wollte gehen. An die Hose, die sich um meine Knöchel ringelte, hatte ich nicht mehr gedacht und fiel prompt auf den Hintern.

Ich rappelte mich hoch und hüpfte weiter. Was für ein Anblick musste das sein! Aber Karin lachte nicht.

Ich nahm ab. Ich brachte keinen Ton heraus und musste mich erst einmal räuspern.

»Schon geschlafen?« Keller! Mir schwante Schreckliches. »Komm rüber in den Acker. Die dritte Leiche.«

Ich legte langsam auf. Fühlte ich mich nun gestört oder gerettet?

Wir zogen uns an und hasteten hinüber zum Unterwöhrd. Weit, weit in der Ferne zuckten immer noch die Blitze. Es war kurz vor eins. Wo nur Tante Olga blieb?

Keller war so miserabler Laune, wie ich es noch nie erlebt hatte. Es war nur zu verständlich. Drei Tote in drei Tagen. Und höchstens eine Stunde Schlaf.

Es herrschte hektische Betriebsamkeit. Keller tobte und brüllte herum, trieb seine Leute an und machte sie ziemlich unflätig zur Schnecke. Die zogen die Köpfe ein und murrten. Die ganze Polizeipräsenz hatte nichts genützt. Es war wieder passiert. Die Atmosphäre war zum Platzen gespannt. Ich wusste, eine falsche Bemerkung, und Keller würde vollends ausrasten.

Karin musste das ebenfalls gespürt haben. Kurz entschlossen ging sie zu ihm hin und legte eine Hand auf seine Schulter.

»Deine Leute können nichts dafür, Peter. Sie machen ihre Arbeit. Und sie machen sie gut, das weißt du.«

Er beruhigte sich ein wenig. Sie flüsterte noch etwas, das ich nicht verstand, und zog ihn mit sich, weg von seinen Leuten.

Er atmete tief durch und zündete sich dann den Zigarillo an, auf dem er immer herumkaute. Er nahm ein paar Züge, schaute angeekelt auf das braune Ding und warf es auf den Boden, wo er es austrat.

»Widerlich«, knurrte er.

Die Leiche lag unweit der Stelle, an der man Ronald Seiferheld gefunden hatte. Wir standen zu weit entfernt, um etwas sehen zu können.

»Wer ist es?«, fragte ich.

»Hans Kelheimer«, erklärte Keller. »Der Tambourmajor.«

»Wer hat ihn gefunden?«

»Ein Besoffener, der mal pinkeln musste.«

»Wie ist es passiert?«

»Wie bei Seiferheld. Erwürgt und dann in das Gras geschleppt. Vor ungefähr einer Stunde.«

»Langsam wird's mir unheimlich.«

Berger kam angehastet. Er sah auch nicht gerade munter aus.

»Berger, wollten Sie nicht verhindern, dass ich wieder eine Leiche finde?«, stichelte ich.

»Sie haben sie ja nicht gefunden.«

Eins zu null für ihn.

Zu Keller gewandt, fragte ich: »Wo ist die Verbindung zu Andrea und Ronald?«

»Sag sie mir!«

»Ich sehe keine. Außer dass sie alle drei Sieder waren.«

»Das ist auch die einzige Gemeinsamkeit. Trotzdem ist Freddy zur Fahndung ausgeschrieben.«

»Du klammerst dich an einen Strohhalm.«

»Ich verrate dir was: Ich stochere im Nebel. Aber sag's nicht weiter.«

»Reiner Aktionismus.«

»Was soll ich anderes tun?« Keller klang geradezu verzweifelt.

»Zum Beispiel Dammbach befragen. Und zwar nicht erst morgen.«

»Das werden wir natürlich tun. Aber wo ist da die Verbindung? Beerbt Dammbach etwa auch den Kelheimer?«

»Er hatte Krach mit ihm.«

»Na toll. Das macht ihn natürlich verdächtig.«

Wir standen schweigend da. Ratlos.

»Und jetzt?«, fragte ich schließlich.

»Der Erste Hofbursche ist informiert. Der OB auch. Sie müssten gleich hier sein.«

Der Erste Hofbursche kam wenig später. Schreckensbleich. »Mein Gott!«, entfuhr es ihm. »Vor einer Stunde haben wir noch einen Wein zusammen getrunken. Wer macht denn so was?«

Genau das war die Frage. Und keiner wusste die Antwort.

»Jetzt müssen wir das Fest absagen.«

»Nein«, sagte ich mit Bestimmtheit. »Alles, nur das nicht.«

»Wie soll denn das gehen? Drei von unseren Leuten sind umgebracht worden, und wir sollen fröhlich weiterfeiern?«

»Ob zwei oder drei, das macht doch keinen Unterschied, oder?«

Die Bemerkung war taktlos, und der Erste Hofbursche sah so aus, als würde er mir gleich an die Gurgel gehen.

»Wer immer das getan hat, vielleicht beabsichtigt er genau das: dass ihr das Fest absagt«, sagte ich.

»Das ist nicht von der Hand zu weisen«, meinte Keller. »Alle drei Tote sind Sieder. Das ist bisher das Einzige, was sie verbindet.«

Der Erste Hofbursche stöhnte. »Ich kann doch nicht um diese Zeit die Sieder zusammentrommeln, damit wir das diskutieren und wieder darüber abstimmen.«

»Du musst die Entscheidung selber treffen. Der OB wird dir sicher dabei helfen.«

Das Stadtoberhaupt war im Anmarsch. Auch er sah nicht gerade morgenfrisch aus. Er zog den Ersten Hofburschen und Keller auf die Seite und redete erregt auf sie ein.

»Willst du warten, bis die hohen Herrschaften ihre Entscheidung gefällt haben?«, fragte ich Karin.

»Ich glaube, ich will jetzt nur noch ins Bett.«

Einsilbig gingen wir zurück, jeder mit seinen Gedanken beschäftigt. Wie am Abend zuvor. Und wie gestern brodelte und schwitzte die Stadt um uns herum.

Vor dem »Goldenen Adler« verabschiedete ich mich von Karin.

»Wenn du morgen früh um sieben von Böllerschüssen geweckt wirst, dann weißt du, dass das Fest weitergeht.«

Ich ging zu meiner Wohnung. Tante Olgas Stockschirm stand im Flur. Hatte sie also doch nach Hause gefunden. Ich hörte leises Schnarchen. Ob ich sie wecken sollte, um ihr von der Neuigkeit zu erzählen? Nein, morgen war noch früh genug, die alte Dame hatte ihren Schlaf verdient. Und ich wollte jetzt alleine sein.

Drei Sieder. Das war kein Zufall mehr. Aber ich war zu erschöpft, um weiter nachzudenken. Ich trank den letzten Rest des Rueda, auch wenn er mittlerweile lauwarm war. Immerhin war ich diszipliniert genug, nicht eine neue Flasche zu öffnen. Ich wusste, das würde in einer Katastrophe enden.

Lange lag ich wach, lauschte dem flachen Grollen in der Ferne und verirrte mich in Mutmaßungen und Spekulationen, die zu nichts führten. Jeglichen Gedanken an Karin verdrängte ich. Nicht sehr erfolgreich.

Pfingstsonntag

Lautes Gepolter in der Küche und das Geräusch eines Tellers, der auf den Boden fiel und in Scherben zersprang, weckten mich. Das gleiche Schicksal stand mutmaßlich meinem Kopf bevor. Ich ärgerte mich, denn dann hätte ich ja doch noch eine Flasche öffnen können. Wenn mir schon der Schädel brummte, sollte zumindest die Ursache genussvoll gewesen sein.

Ich zog mir eine Unterhose an und tapste in die Küche. Tante Olga war gerade dabei, den Schaden zusammenzukehren, und schaute mich schuldbewusst an.

»War der Teller wertvoll?«

Den Teller hatte mir mal eine längst Verflossene aus Spanien mitgebracht. Ich wusste gar nicht, dass er überhaupt noch existierte.

»Ja«, sagte ich, »daran hängen Erinnerungen.«

»Ich werde ihn dir natürlich ersetzen«, sagte Tantchen schnell.

»Quatsch«, erwiderte ich. »Wie der Teller ist die Liebe schon lange zersprungen.«

Tante Olga schaute mich verständnislos an. Ich winkte ab. Wie hatte die Dame gleich geheißen? Fiel mir gerade nicht ein. Egal. War sowieso nicht der rechte Moment, die Vergangenheit hervorzukramen. Mit der Gegenwart hatte ich genug zu tun.

»Cappuccino?«, fragte ich.

»Fein. Ich hätte mir ja schon einen gemacht, aber mit dieser Riesenmaschine kenne ich mich nicht aus.«

Ich ließ den Dampf zischen, die Milch schäumen und den Espresso sprudeln. Der Kaffeeduft rief ein paar von meinen Lebensgeistern zurück und brachte mich auf einen Gedanken.

»Tante, wie sind wir eigentlich genau miteinander verwandt?«, fragte ich, während ich meinen Cappuccino schlürfte. Die Milch war etwas zu heiß geraten.

»Das weißt du immer noch nicht?«

»Das ist so kompliziert.«

»Das ist ganz einfach. Meine Mutter hatte eine Schwester, die Hermine, die hat den Heinrich geheiratet. Deren Tochter, die Eleonore, hatte einen Sohn, den Eugen. Der hat die Klara geheiratet, und deren Cousine ist deine Mutter.«

Na also, war doch ganz einfach. Ich würde es nie kapieren. Wie ging es dann erst den Siedern, deren Verwandtschaftsverhältnisse noch weit verwickelter waren?

Einige Lebensgeister mehr klopften an.

»Woher weißt du das alles?«

»Das weiß man eben. Außerdem gab es mal eine Zeit, als man das wissen musste.«

Dieser Zeit wegen hatte mich mein Stammbaum wahrscheinlich nie sonderlich interessiert. Vielleicht sollte ich meine ideologischen Bedenken über Bord werfen? Könnte doch ganz interessant sein zu erfahren, wer sich da in der Vergangenheit in der Familie getummelt hatte. Vielleicht hatte sogar ich Siedersblut in den Adern?

Das holte mich wieder unsanft in die Gegenwart zurück. Allmählich wurde es klarer in meinem Kopf.

»Hattest du noch einen schönen Abend?«, fragte ich.

Sie strahlte. »Kurt ist ein Kavalier der alten Schule. Charmant, geistreich und rücksichtsvoll.«

»Hat er ernste Absichten?«

»Das muss ich mir noch überlegen.« Tante Olga kicherte wie ein Teenager. Schön, sie so glücklich zu sehen. Musste man dazu erst ihr Alter erreichen?

»Hast du noch was über die Sieder erfahren, Tantchen?«

»Ich sage dir, da ist auch nicht alles Friede, Freude, Eierkuchen.«

»Zum Beispiel?«

»Das darf ich nicht sagen, das ist vertraulich, hat der Kurt gemeint.«

»Komm, Tante, es bleibt doch in der Familie.«

Sie zögerte. Dann meinte sie: »Die haben ziemlich Krach untereinander.«

»Das ist doch normal. Wo unterschiedliche Menschen zusammenkommen, gibt es unterschiedliche Meinungen und manchmal auch Krach.«

»Nicht so. Es geht immer wieder um diesen Dammbach.«

Immer wieder dieser Dammbach.

»Was ist mit ihm?«

»Der hat mit jedem Streit. Und jetzt wollen sie ihn sogar rausschmeißen, weil er sich so unmöglich benimmt.«

Das würden sie sich wahrscheinlich noch einmal überlegen, wenn sie erfuhren, dass er Ronalds Erbe war.

Abrupt wechselte sie das Thema.

»Was ist mit dir und Karin? Seid ihr euch nähergekommen?«

Ich dachte an mein schwarzes Sofa.

»Sind wir nicht. Und das ist auch besser so.«

»Warum? Karin ist eine reizende Person.«

»Das ist sie zweifellos. Wir waren uns schon mal sehr nahe. Aber das ist Vergangenheit und soll auch so bleiben.«

»Schade. Die hätte ich mir gut als Schwiegertochter vorstellen können.«

Tante Olga war schon eine Marke. Weil sie selber keine Kinder hatte, spielte ich ganz nach Bedarf den Sohn oder den Enkel, dabei war ich doch nur – aber das hatte ich ja immer noch nicht verstanden.

Ich informierte sie über die dritte Leiche.

»Nein! Dieser nette Mann mit dem feschen Bart?«

»Genau der.«
»Warum hast du nicht gleich was gesagt?«
»Du hast schon geschlafen.«
»Das nächste Mal musst du mich wecken.«
Es würde hoffentlich kein nächstes Mal geben.

Mit Tante Olga im Schlepptau kam ich zu meiner Frühstücksverabredung mit Karin auf der Terrasse ihres Hotels. Karin war schick wie immer, sah aber müde aus.
»Nicht gut geschlafen?«, erkundigte ich mich.
»Überhaupt nicht. Es war zu schwül, mir ging alles Mögliche im Kopf herum, um sieben kamen die Böllerschüsse, und eine Stunde später zogen die Sieder durch die Stadt.«
Das Fest ging also weiter. Eine mutige Entscheidung, die gewiss noch für einigen Wirbel sorgen würde. Jetzt waren die Sieder zum Gottesdienst in St. Michael.
»Wenn ich so aussehe, wie ich mich fühle«, sagte Karin, »muss ich ein schrecklicher Anblick sein.«
In Wahrheit sah sie blendend aus. Eine Meisterleistung der Make-up-Kunst. Bei uns Männern war das nicht so einfach.
»Also ich habe prächtig geschlafen«, verkündete Tante Olga. »Ich habe überhaupt nichts gehört.«
Musste ich zu Karin noch etwas sagen wegen gestern Abend? Vielleicht musste man auch nicht immer alles bereden. War ja nichts passiert. Eine kleine Gefühlsverwirrung. Vor den Folgen hatte uns eine Leiche bewahrt.
Ich sah Karin prüfend an. Was hatte ich erwartet? Ein zärtliches, verheißungsvolles Lächeln? Einen bösen, strafenden Blick? Sie schaute neutral und ein kleines bisschen derangiert.
Die Treppe vor St. Michael begann sich schnell zu füllen. Die Radiosender hatten natürlich die Morde breitgetreten. Das hatte anscheinend niemanden abgehalten. Im Gegen-

teil, ich hatte den Eindruck, das Kuchen- und Brunnenfest würde in diesem Jahr mit einem Besucherrekord enden.

»Wenn wir noch einen guten Platz auf der Treppe wollen, müssen wir uns sputen«, sagte ich zu Karin.

»Wir bleiben hier«, entschied sie. »Noch einmal zwei Stunden auf den harten Stufen halte ich nicht aus. Nicht heute Morgen. Ich bin wie gerädert.«

»In deinem Zustand wäre ein Gläschen kühler Riesling gut. Stabilisiert den Kreislauf.«

»Morgens um zehn? Das ist pervers.«

»Ein Morgen ohne Schnaps isch's pure Gift, sagt man im Hohenlohischen.«

Der Marktplatz wurde immer voller. Auf der Treppe war schon kein Platz mehr zu finden, hinter den Absperrgittern standen dicke Menschentrauben. Die Fotografen kämpften um die besten Plätze. Das Siedersfest würde eine Presse bekommen wie noch nie.

Alle warteten auf das Spektakel. Und vielleicht auf mehr. Eine eigenartige Erregung lag in der Luft. Die Sonne brannte wie in der Sahara.

Ich stand auf.

»Ich gehe mal Keller suchen. Irgendwo muss er sein.«

Ich schob mich durch die Menge vor zum Rathaus. Keller stand neben dem Eingang.

»Wieder eine Nacht ohne Schlaf?«, fragte ich.

»Drei Stunden. Im Alter braucht man angeblich sowieso weniger.«

»Scheint nicht zu stimmen. Du siehst aus wie ausgespuckt.«

»Du hast eine nette Art, einen aufzuheitern.«

»Du solltest nicht so griesgrämig schauen.«

»Ich schaue so, wie ich mich fühle.«

»Manche Leute haben eine interessante Technik entwickelt. Sie ziehen die Mundwinkel nach oben. Man interpretiert das gemeinhin als Lächeln.«

»Ich habe nichts zu lachen. Kannst du dir vorstellen, wie die Stimmung hinter den Kulissen ist?«

»Was gibt es Neues?«

»Nichts. Absolut nichts, das ist ja das Schlimme. Ich weiß nicht, wo ich ansetzen soll. Keinerlei Hinweise, die uns weiterhelfen würden. Der Mörder hat seine Tatorte gut gewählt. Da laufen so viele Leute rum, dass keiner auffällt. Außerdem sind um diese Zeit eh alle besoffen.«

»Und unsere vorläufigen Verdächtigen?«

»Von Freddy nach wie vor keine Spur, Dammbach war bisher ebenfalls nicht aufzufinden.«

»Den erwischst du spätestens heute Nachmittag. Er macht beim Mühlenbrand mit.«

»Bis dahin kann noch viel passieren«, sagte Keller düster.

»Keine Sorge, ich bin ja da.«

»Manchmal bist du nervig, Dillinger.«

»Tatsächlich?«

»Ja.«

»Höre ich zum ersten Mal.«

»Verpiss dich!«

»Pfui! Wenn das Tante Olga hören würde!«

»Dillinger, du gehst mir auf den Sack.«

»Das war wenigstens eine klare Ansage. Ich bin jetzt beleidigt und gehe Karin beflirten. Warum kommst du nicht mit auf die Terrasse?«

Er schüttelte den Kopf.

»Von dort drüben hast du einen genauso guten Überblick.«

»Mein Platz ist hier.«

»Bist du dir darüber im Klaren, dass die Sonne die ganze Zeit erbarmungslos auf dich niederknallt?«

»Da drüben ist ein Sonnenschirm.«

»Der ist nur für die Honoratioren. Du bist das Fußvolk.«

»Ich glaube, ich habe vorhin etwas ziemlich Eindeutiges gesagt.«

»Na gut. Du willst es nicht anders. Dann verpiss ich mich eben. Mittagessen im ›Sudhaus‹?«

»Wenn ich's schaffe.«

Ich drehte mich um und ging.

»Dillinger!«, rief er mir hinterher.

»Ja?«

»Grüße an Karin.«

Mir lag eine spitze Bemerkung auf der Zunge, aber Keller hatte ein wenig Trost verdient.

»Werden ausgerichtet.«

Seine Mundwinkel hoben sich, ganz leicht.

Die beiden Damen saßen schweigsam an ihrem Tisch. Karin war müde, Tante Olga träumte von ihrem vierten Frühling.

»Ausgesprochen liebe Grüße von Keller«, sagte ich zu Karin.

»Hat er das so gesagt?«

»Ich habe es etwas ausgeschmückt.«

»Wie geht es ihm?«

»So ähnlich wie dir. Er sieht nur nicht so gut aus. Ansonsten nichts Neues.«

Die Lautsprecheranlage wurde mit einem schrillen Pfeifen eingeschaltet. Es war exakt zehn Uhr dreißig.

»Jetzt geht's los«, sagte Tante Olga aufgeregt.

»Jetzt wird es erst einmal langweilig. Die Promis haben sich im Rathaus versammelt, und der OB begrüßt jeden namentlich. Du kannst erst mal weiterdösen.«

Landtagsabgeordnete, Bundestagsabgeordnete, Landräte, Bürgermeister, Vertreter aus den Partnerstädten und wer weiß noch wen: Alle wichtigen Leute wurden erwähnt. Ich war nicht darunter. Das einzig Spannende an der Rede des Stadtoberhauptes war, ob er die Morde erwähnen würde. Er tat es sehr verklausuliert. Er sprach davon, dass das Kuchen- und Brunnenfest in diesem Jahr unter ganz besonderen Vorzeichen stünde. Und dann bat er noch um eine Schweigeminute für alle Verstorbenen. Geschickt gemacht. Wer Bescheid wusste, verstand. Die anderen wurden nicht beunruhigt.

Die ehrenwerten Herrschaften begaben sich ins Freie. Einige fanden auf Stühlen unter einem Pavillon Platz, wobei mich die Rangfolge interessiert hätte, andere standen unter einem viel zu kleinen Sonnenschirm. Keller war nicht dabei. Der OB, mit der Amtskette um den Hals, harrte in der prallen Sonne aus.

Die Sieder waren im Anmarsch, man hörte es von weitem.

»Das habe ich doch schon mal gehört heute Morgen«, sagte Karin müde. »Es wird mich noch wochenlang in meinen Träumen verfolgen.«

Ich orderte jetzt doch drei Gläser Riesling. Wenn die Frau heute nicht mal von Fanfaren und Trommeln aus ihrer Lethargie zu wecken war, musste man zu anderen Mitteln greifen. Zur Not musste ich eben alle drei Gläser selber trinken.

Die Sieder bogen in den Marktplatz ein und nahmen Aufstellung. Sie spielten heute mit wütender Entschlossenheit, bildete ich mir ein. Die Gesichter waren ernst. Wer sie genau musterte, sah bei einigen Frauen verweinte Augen. Der Spielmannszug wurde vom stellvertretenden Tambourmajor angeführt.

Dann wurde der große Kuchen, der dem Fest seinen Namen gab, durch ein Spalier der Schützen aus dem Rathaus getragen und auf dem Marktplatz aufgestellt. Dem Magistrat, der an einem Tisch vor dem Rathaus Platz genommen hatte, wurde ein Stück zum Probieren gereicht.

»Dort sitzt Kurt!«, rief Tante Olga ganz aufgeregt. Er spielte einen der Ratsherren.

Der Kuchen war ein Hefegebäck in Schneckennudelform, das nach einem geheimen Rezept hergestellt war, zwei Meter im Durchmesser maß und mit Blumenschmuck hundertzwanzig Pfund wog.

»Ich habe eine schreckliche Vision«, sagte Karin. »Dem Kuchen entsteigt ein Killer mit einer Maschinenpistole und mäht alle Sieder nieder.«

»Du schaust zu viele alte Filme. Ich stelle mir lieber die Variante mit der Bikini-Schönheit vor.«

Die Tanzpaare nahmen Aufstellung, der Gockel machte die Runde. Der Trinkpokal in Gockelform erinnerte an den Gründungsmythos des Festes. Daraus trinken durfte nur, wer zuvor einen Trinkspruch aufsagte, der mit »Gsondheit« abgeschlossen werden musste. Die Sprüche waren provokativ und nahmen bisweilen die Lokalpolitik aufs Korn, was naturgemäß nur die Einheimischen verstanden. Gelegentlich ging es sehr weit unter die Gürtellinie, was empörte Aufschreie der weiblichen Zuschauer auslöste.

Dann führten die Sieder ihre Tänze auf, nur von Pfeifen und Trommeln begleitet.

»Die Tänze haben Namen«, erklärte ich. »Zum Beispiel ›Trampeleswalzer‹.«

»Trampele?«

»Ein Trampele ist ein unbeholfener Mensch.«

»So weit kann ich folgen.«

»Die Siedersburschen nennen ihre Tanzpartnerinnen Trampele.«

»Und die lassen sich das gefallen?«

»So ist eben die Tradition.«

»Mit manchen Traditionen sollte man schleunigst brechen.«

»Die Koseform gibt dem Trampele doch auch etwas Zärtliches. Aber das verstehen wahrscheinlich nur Schwaben und Hohenloher. Die Siedersburschen nennt man übrigens Doovelich. Das ist Mundart für David, früher ein verbreiteter Vorname unter den Siedern.«

Die Paare drehten sich geziert und etwas steif im Kreis und hielten sich dabei nur am kleinen Finger.

»Nicht gerade spritzig, diese Tänze«, fand Karin.

»Sollten sie auch nicht sein. Das sind höfische Reihentänze, die sich an aristokratischen Gesellschaftsformen orientierten. Der Siedershof kommt ja auch von ›Hof halten‹, wie du dich vielleicht noch erinnerst. Nach dem offiziellen Teil ging's dann schon turbulenter zu. Wie heute auch.«

Der Kuchen wurde wieder ins Rathaus getragen, der Siedershof formierte sich und marschierte ab.

»Das war's schon?«, fragte Tante Olga erstaunt.

»Das war das Brauchtum. Jetzt kommt der unterhaltende Teil für die Touristen.«

Musik erklang, die irgendwie mittelalterlich anmutete, und bunt gekleidetes Volk stürmte den Marktplatz. Marktleute warfen Gemüse unter die Zuschauer. Kaiser Maximilian samt Gefolge trat auf, und es wurde ein Gerichtstag abgehalten, bei dem einige der Delinquenten, die am Abend zuvor im Sulferturm eingesperrt worden waren, verurteilt wurden. Die Spielszenen, die auf historischen Fällen beruhten und immer mal wieder wechselten, wurden unter den Einheimischen kontrovers diskutiert. Die meisten Zuschauer amüsierten sich. Karin gähnte.

»Entschuldigung«, murmelte sie. »Liegt natürlich nur an der Hitze.«

Der gesamte Siederszug kam wieder, umrundete den Platz und marschierte ab in die Mittagspause.

Weil ich Karin möglichst viel von Schwäbisch Hall zeigen wollte, hatte ich Plätze auf der Terrasse des »Sudhauses« reserviert. Das war keine gute Idee gewesen. Zwar hatten wir einen überwältigenden Blick über die ganze Stadt – »ich lege dir die Stadt zu Füßen«, sagte ich zu Karin, was mir einen genervten Augenaufschlag einbrachte –, aber die Schwüle unter den Sonnenschirmen machte uns fertig.

183

Tante Olga hing apathisch in ihrem Stuhl, Karin guckte verärgert, ich zog schuldbewusst den Kopf ein. Die Stimmung war gereizt, nicht nur an unserem Tisch. Es war jetzt genug mit dem Jahrhundertsommer – ein Königreich für ein Gewitter, Sieder hin oder her!

Karins Handy klingelte.

»Keller kann nicht kommen«, sagte sie wenig später.

»Weshalb ruft er dann dich an?«

»Frag ihn.«

»Den Teufel werd ich tun!«

»Was hast du denn?«

»Ich hatte mich mit ihm verabredet, nicht du.«

Wir waren auf dem besten Weg zu einem Streit ohne wirklichen Anlass. Wir merkten es beide.

»Wie lange müssen wir noch durchhalten?«, fragte Karin.

»Bis um zwei Uhr.«

»Ich will jetzt nur noch Schatten.«

»Gehen wir auf den Unterwöhrd unters Blätterdach.«

Wir schleppten uns die Brüdergasse hinab und über den Roten Steg – wenigstens überdacht! – auf den Unterwöhrd. Schatten! Die Tische waren schon gut besetzt.

Karin schaute sehnsüchtig den Kindern zu, die im seichten Kocherarm planschten.

»Allmählich reicht's mir mit den Siedern«, sagte sie.

»Du weißt, dass eine solche Bemerkung unziemlich ist.«

»Und wenn sie mich teeren und federn!«

»Dann auf zum nächsten Programmpunkt! Tante Olga bleibt am besten hier im Schatten.«

Da kannte ich Tante Olga aber schlecht. »Von wegen! Ich habe eine bessere Kondition als ihr beiden zusammen!«

Wie sie energisch vor uns her ging, konnte man das fast glauben.

Auf dem Marktplatz marschierte der Kleine Siedershof auf, gefolgt vom Großen. Es krachte wieder häufig aus den historischen Vorderladergewehren und Steinschlosskarabinern.

Der Siedershof nahm Aufstellung und marschierte unter Musik zur Gelbinger Gasse: Der Brunnenzug begann, der zweite Teil des Kuchen- und Brunnenfestes. Auch er hatte historische Hintergründe. Aus dem Mittelalter weiß man von Dankprozessionen zur Salzquelle.

Karin wollte nichts mehr hören von Geschichte.

»Müssen wir da wirklich mit?«, stöhnte sie.

»Ja«, beharrte ich.

Vorbei ging es an Häusern, die mit der grün-weiß gestreiften Fahne der Sieder geschmückt waren. Bis vor einigen Jahren hingen die Fahnen nur an den Häusern von Siedersfamilien, jetzt sollten nach dem Willen der Stadt möglichst viele Fahnen wehen. So ging eine Tradition verloren.

Am Brunnen vor dem Landratsamt sagten die Sieder ihr Sprüchlein auf und schossen Salut. Es war unspektakulär, aber laut.

Es ging die Gelbinger Gasse wieder zurück, wir trotteten hinterdrein. Tante Olga fiel etwas zurück.

»Geht nur weiter«, sagte sie, »ich komme langsam nach.«

Die nächste Station war eigentlich der Milchmarktbrunnen, erklärte ich Karin, der jedoch von den Siedern seit den Neunzigern ignoriert wird, als hier ein umstrittener Neubau hingestellt wurde. Dabei ist es geblieben, und so wurde eine neue Tradition begründet.

Der Siederszug bog in den Spitalbach ein und wandte sich nach links Richtung Milchmarkt. Ich stieß Karin an.

»Schau mal, wen wir da haben.«

An der Ecke stand Freddy und unterhielt sich mit zwei anderen Männern. Der berühmte Freddy! Endlich hatte ich ihn zum Greifen nahe, und diesmal würde er mir nicht entwischen. Der hatte vielleicht Nerven! Eine Hundertschaft Polizei suchte fieberhaft nach ihm, und er plauderte hier seelenruhig.

»Was hältst du von ihm?«, fragte ich Karin leise.

»Der Junge hat was. Sieht nicht schlecht aus. Gut gebaut. Und strahlt ein ungeheures Selbstbewusstsein aus. Etwas Animalisches. Spürst du diese männliche Kraft? Ich kann mir schon vorstellen, dass junge Mädchen von so einem Kerl fasziniert sind.«

»Sieht so ein Mörder aus?«

»Wie sieht denn ein Mörder aus?«

Ich schlenderte zu ihm hinüber. »Hallo, Freddy! Lange nicht gesehen.«

Er schaute mich misstrauisch an. »Kennen wir uns?«

»Klar doch, damals im ›Ollie's‹, erinnerst du dich nicht? Du warst mit Andrea dort.«

»Kann schon sein.«

»Ich muss was bereden mit dir.«

»Und?«

»Alleine.«

Die beiden anderen verstanden und verzogen sich. Ich wusste nicht, was ich mit ihm machen sollte. Am Kragen packen und warten, bis die Polizei kam? Das konnte ich immer noch tun. Erst einmal wollte ich wissen, was er mit der Sache zu tun hatte.

»Hast du Andrea gesehen in letzter Zeit?«

»Wieso willst du das wissen?«

»Wie geht's ihr denn so?«

Er zuckte mit den Schultern.

»Gut, nehme ich an.«

Was hatte ich eigentlich erwartet? Das große Geständnis?

»Wann hast du sie das letzte Mal gesehen?«

»Am Freitagabend. Warum? Was soll eigentlich das ganze Gequatsche?«

Er hatte recht. Dieses Geplapper brachte nichts.

»Die Polizei sucht dich.«

Er war nicht beeindruckt. Er geriet nicht in Panik.

»Es geht um Drogenhandel. Und um Mord.«

»Um Mord? Du spinnst!«

»Jedenfalls werden wir jetzt zusammen zur Polizei gehen.«

Ich war nicht darauf vorbereitet. Er gab mir einen Stoß vor die Brust. Ich landete auf dem Hintern. Zum zweiten Mal an diesem Wochenende.

Er rannte die Straße hoch. Ich rappelte mich auf und lief ihm hinterher. Ich war im Nachteil. Er war jünger, er war schneller, und außerdem musste ich familiäre Rücksichten nehmen. Um die Ecke bog Tante Olga.

»Aus dem Weg, Tante!«, schrie ich.

Brav trat sie auf die Seite. Als Freddy an ihr vorbeihetzte, hob sie ihren Stockschirm. Freddy stolperte darüber und flog auf den Boden.

Mit ein paar Schritten war ich bei ihm, zog ihn hoch und drückte ihn an die Wand. Er hatte sich eine blutige Nase und einige Abschürfungen eingehandelt. Tante Olga war sofort neben mir und bohrte die Spitze ihres Schirmes in seinen Bauch.

»Beweg dich ja nicht von der Stelle«, herrschte sie ihn an.

Freddy wischte sich das Blut von der Nase. »Was soll der Scheiß?«, rief er wütend.

»Was hast du mit Andrea gemacht?«

»Das ist meine Sache.«

Wollte er mich verarschen? Ich war wütend und nahe dran, ihm eine zu scheuern. Ich tat es nicht. Irgendetwas in seinem Blick hielt mich ab. So redete keiner, der einen Mord begangen hatte.

»Du weißt es nicht?«

»Was ist mit Andrea?«

In seinem Blick war Angst zu lesen. Aber nicht Angst vor

einer Enttarnung, sondern die Angst, gleich etwas Schreckliches zu hören.

»Bist du etwa der einzige Mensch in der Stadt, der nichts mitbekommen hat? Wo warst du die ganze Zeit?«

»Bei einem Freund in Frankfurt.«

»Wann?«

»Ich bin Freitagnacht gefahren und gestern Abend wieder zurückgekommen.«

»Gestern warst du auf dem Unterwöhrd.«

»Ja, aber nur kurz. Was soll diese ganze Fragerei? Bist du von der Polizei?«

»Nein, Privatdetektiv.«

Eine kühne Behauptung. Aber Versicherungsvertreter schien mir in diesem Moment nicht passend.

»Was ist nun mit Andrea?«

»Andrea ist tot. Ermordet.«

Er starrte mich entgeistert an. »Ermordet? Nein, das kann nicht sein! Welches Schwein war das?«

»Du vielleicht?«

»Du spinnst! Ich könnte Andrea nie etwas antun!«

Ich glaubte ihm, ich hatte das einfach im Gefühl.

»Du kannst deinen Schirm wieder wegtun, Tante Olga. Freddy rennt nicht mehr weg, nicht wahr?«

Freddy antwortete nicht darauf. »Wie ist das passiert?«, fragte er stattdessen. Er war totenbleich.

»Du warst am Freitagabend mit Andrea hinterm Busch für eine schnelle Nummer.«

Er nickte.

»Wie das? Ihr wart doch nicht mehr zusammen, Andrea war mit einem anderen liiert.«

»Mir hat jemand gesteckt, dass Andrea Zoff mit ihrem Macker hatte, weil der mit einer anderen Frau rummacht.«

»Wer hat dir das gesteckt?«

»Dammbach.«

»Und daraufhin ist Andrea reumütig in deine Arme zurückgekehrt.«

»Sie war stinkesauer auf ihren Freund. Nüchtern war sie auch nicht mehr.«

»Und das hast du ausgenutzt.«

»Ich habe gedacht, vielleicht wird das wieder was mit uns.«

»Sah Andrea das auch so?«

»Ich denke, sie wollte sich an ihrem Freund rächen oder so.«

»Ziemlich idiotisch.«

»Andrea hing noch an mir, das weiß ich.«

»Aber nach eurem Schäferstündchen ist ihr aufgegangen, was sie getan hat und dass sie mit dir eigentlich doch nichts mehr zu tun haben will, daraufhin bist du wütend geworden und hast zugedrückt.«

»Quatsch! Ich könnte Andrea nie etwas antun!«

Er wiederholte sich, und mehr denn je glaubte ich ihm. So etwas konnte man nicht spielen. Es fehlte nicht viel, und er hätte zu heulen angefangen.

»Was war, als ihr fertig wart? Wie ging es dann weiter?«

»Ich verstehe nicht, was du meinst.«

»Seid ihr wieder zu den anderen gegangen?«

»Nein. Andrea ist noch dortgeblieben. Sie wollte ihre Gedanken sortieren, hat sie gesagt. Und ich bin nach Frankfurt gefahren.«

»Andrea blieb am Kocherufer sitzen, nackt, wie sie war?«

»Wieso nackt?«

»Andreas Leiche war unbekleidet, als man sie gefunden hat.«

»Das verstehe ich nicht. Als ich ging, war sie angezogen.«

»Hast du Andrea in deine Drogengeschäfte mit reingezogen? In ihrer Wohnung hat man Stoff gefunden.«

Er sah mich groß an. »Stoff in Andreas Wohnung? Das kann nicht sein. Andrea hatte damit nichts am Hut. Das war ja auch der Grund, weshalb sie sich von mir getrennt hat. Na ja, einer der Gründe.«

»Woher kennst du Dammbach? Ist er einer deiner Kunden?«

Er zögerte mit einer Antwort.

»Freddy, es geht um den Mord an Andrea. Wegen deiner Drogengeschichten bist du sowieso dran. Aber du kannst helfen, Andreas Mörder zu finden.«

Er gab sich einen Ruck. »Ist ja sowieso alles egal. Ja, Dammbach war ein Kunde.«

»Ein guter Kunde?«

»Er hat in letzter Zeit viel gekauft. Deshalb war ich gestern auch in Frankfurt, Nachschub holen. Dammbach wollte einen eigenen Verteilerkreis aufbauen.«

»Woher hatte er das Geld?«

»Weiß ich nicht. War mir auch egal.«

»Wo warst du eigentlich gestern Abend zwischen dreiundzwanzig und ein Uhr?«

»Wieso? Was war da?«

»Noch ein Mord.«

Er lachte. »Ich habe ein bombensicheres Alibi. Die Polizei hat mich bei einer Kontrolle rausgezogen. Ich bin meinen Führerschein los. Ein bisschen zu viel Promille.«

»Und die haben dich danach wieder laufen lassen?«

»Ja.«

So viel zur internen Kommunikation bei der Polizei. Die Streifenbeamten würden was zu hören bekommen. Aber wurde nicht seine Wohnung überwacht?

»Wo warst du heute Nacht?«

»Bei einem Kumpel.«

Damit war das also auch geklärt.

Keller kam mit Berger und ein paar Polizeibeamten um die Ecke gehastet. Karin hatte ihn angerufen.

»Abführen«, befahl Keller. Freddy ging widerstandslos mit.

Wir sahen ihm nach. Ich grinste Berger an.

»War ich wieder mal schneller als Sie, was?«

»Auch ein blindes Huhn findet mal ein Korn.« Er sächselte fürchterlich, wie immer, wenn er sich ärgerte.

»Freddy war's nicht«, sagte ich.

»Woher wollen Sie denn das wissen?«, giftete Berger mich an.

»Intelligenz, logisches Denken und Einfühlungsvermögen.«

»Wird sich herausstellen, was er damit zu tun hat«, sagte Keller. »Kommen Sie, Berger, wir nehmen ihn mal in die Mangel.«

»Du bist der Held des Tages. Wenigstens kannst du eine Verhaftung vorweisen.«

Keller sah mich böse an. Er ahnte so gut wie ich, dass Freddy mit den Morden nichts zu tun hatte.

Am Haalbrunnen holten wir die Sieder wieder ein. Sie hatten ihre Sprüchlein gesagt, Salut geschossen und marschierten aufs Grasbödele, wo der Kleine Siedershof eben seine Tänze beendete.

Die Menschen standen dicht an dicht. Sie hatten die Biertische und Bänke herangeholt, viele hatten sich daraufgestellt, um überhaupt etwas zu sehen. Es war kein Durchkommen.

Tante Olga war ein gutes Argument. Wer würde schon einer alten, zittrigen Frau einen Sitzplatz streitig machen? Der Einfachheit halber schoben wir uns mit und eroberten Logenplätze ganz vorne.

Das Gedränge war fürchterlich. Jeder drückte und schubste und schwitzte. Jede Wette, dass heute der Hitzerekord dieses Jahres gebrochen wurde. Die Sonne stach. Gelegentlich schob sich eine Wolke davor und verschwand wieder. Massensauna. Sie hatten Gewitter angekündigt.

Aber das machten sie schon seit Tagen. Meteorologische Tradition.

»Wenn es Freddy nicht war, wer war es dann?«, überlegte Karin.

»Dammbach. Wer sonst?«

»Wieso Dammbach?«

»Der Name taucht immer wieder auf. Dammbach ist der Erbe von Ronald. Dammbach suggeriert Andrea, dass Ronald was mit einer anderen Frau hat. Dammbach flüstert Freddy, dass Andrea Streit mit Ronald hat. Dammbach ist Kunde von Freddy. Zu viel Dammbach. Das kann kein Zufall sein.«

Auf dem Grasbödele waren zwei große Sudpfannen aufgebaut. Knechte spalteten Holz, entzündeten das Feuer und rührten in der Sole. Reine Show. Kein Körnchen Salz würden sie sieden, dafür war die Zeit viel zu kurz.

»Warum Dammbach? Was sind seine Motive? Warum, beispielsweise, sollte er Andrea umbringen? Er hat sie doch umworben.«

»Wie wäre es damit: Was ich nicht bekommen kann, soll auch kein anderer haben? Oder aus Strafe, weil sie ihn hat abblitzen lassen?«

»Das ist doch verrückt!«

»Männer sind verrückt, wenn es um Frauen geht«, verkündete Tante Olga.

»Ist dies das Fazit deines Lebens, Tantchen, oder sprichst du aus aktueller Erfahrung?«

»Beides.«

Auf dem Grasbödele war ein Verkaufsgespräch zwischen einem Sieder und einem Kaufmann im Gange. Man versuchte, sich gegenseitig über den Tisch zu ziehen.

»Aber wie kann man Dammbach das nachweisen?«, überlegte ich.

»Noch mal alle Zeugen befragen, irgendeiner hat ihn vielleicht an den Tatorten gesehen«, schlug Karin vor.

»Und wenn schon? Da waren Dutzende von Menschen. Wir auch.«

»Ein Mörder hinterlässt immer irgendwelche Spuren. Wenn man weiß, wo man suchen muss, findet man auch etwas«, sagte Karin, die Staatsanwältin.

»Auf einen so vagen Verdacht hin bekommt Keller doch nie einen Durchsuchungsbeschluss. Das hat ja nicht mal bei Freddy geklappt.«

»Musst du eigentlich immer alles madig machen, was ich sage?«

Der Sieder und der Kaufmann feilschten noch immer um den Preis für das Salz, die Verhandlungen mündeten in einen handfesten Streit. Ich hatte nur mit halbem Ohr zugehört, aber dieser Streit ließ bei mir etwas klingeln.

Und dann erkannte ich das Muster.

»Dammbach hatte in letzter Zeit ziemlich Streit mit einigen Siedern. Mit Ronald wegen Andrea. Mit Kelheimer, weil der ihn im Spielmannszug nicht haben wollte. Mit Halberg, weil der ihn rausgeschmissen hat. Und Andrea kann man irgendwie auch dazuzählen.«

Karin wusste sofort, was ich meinte.

»Vier Leute. Und drei davon sind tot.«

»Dann ist Halberg der nächste.«

»Wenn das stimmt, kann man ihn schützen.«

»Genau dafür ist es vielleicht schon zu spät. Jetzt wird gleich der Mühlenbrand nachgestellt. Halberg spielt jedes Jahr den Müller, und Dammbach ist bei der Rettungsmannschaft. Halberg ist in Gefahr.«

»Das glaubst du doch selber nicht! Hier, in aller Öffentlichkeit?«

»Wenn er es geschickt anstellt, merkt es niemand so schnell. Und vielleicht will er ja genau das: die Öffentlichkeit. Auch das würde passen. Halberg ist der Ranghöchste von seinen Opfern, und er hat ihn am meisten gedemütigt. Ich muss das verhindern.«

Ich drängte mich rücksichtslos durch die Menge.

»Was hast du vor, Dillinger?«, rief Karin hinter mir her.

Warum mussten nur so viele Menschen hier sein? Warum machte denn keiner Platz? Hoffentlich hielt mich nicht wieder so ein rabiater Bursche auf wie gestern Abend.

An den Wachen vorbei rannte ich über die Holzbrücke aufs Grasbödele. Sie waren so verblüfft, dass ich schon unter dem Bogen des Steinernen Stegs war, ehe sie reagierten. Ich achtete nicht darauf, was sie mir hinterherschrien.

Dort war Fritz Schübelin, der Leiter der Spielszenen. Er gab letzte Anweisungen. Ich stürzte auf ihn zu.

»Hast du noch ein Kostüm für den Mühlenbrand?«

»Ja, wieso?«, fragte er erstaunt.

»Gib es mir! Ich muss da mitmachen!«, verlangte ich.

»Aber das geht nicht!«, rief er entsetzt. »Da hättest du mitproben müssen!«

Aus der ehemaligen Dorfmühle und dem kleinen Anbau, den man eigens für diese Szene errichtet hatte, quoll schon der Rauch. Am Fenster der Mühle erschien ein Gockel, schrie und weckte die Sieder. In früheren Zeiten hatte man bei dem Spiel wohl einen richtigen Gockel verwendet, jetzt war das Vieh aus Plastik, und seine Rufe kamen vom Tonband.

Die Sieder liefen herbei und machten sich zur Rettung der Müllersleute bereit. Die Zeit drängte.

»Warum willst du überhaupt mitmachen?«

Plötzlich erwachter Lokalpatriotismus? Um einer Freundin zu imponieren? Mir fiel auf die Schnelle keine überzeugende Erklärung ein. Außer der Wahrheit. Aber die war zu absurd. Und zu langatmig.

»Bist du bestechlich? Ich lade dich zum Essen ein.«

Er schüttelte den Kopf. »Du bist schon ein verrückter Kerl. Also gut. Aber schmeiß mir nicht die ganze Szene! Mach einfach, was die anderen tun!«

Er reichte mir das Kostüm: schwarze Bundhosen, weißes

Hemd, schwarzer Schlapphut. Ich zog mich schnell um und rannte vor zur Spitze der Insel.

Drüben überm Fluss riefen die Müllersleute um Hilfe. Sie warfen Koffer und andere Habseligkeiten aus den Fenstern, einige seilten sich ab. Es qualmte mittlerweile so stark, dass kaum etwas zu sehen war. Der Pyrotechniker hatte etwas zu viel aufgelegt.

Die Sieder sprangen auf ein Floß, das auf der Seite bereitlag. Ich sprang mit. Einige schauten mich verwundert an. Aber keiner stellte dumme Fragen, sie waren viel zu sehr damit beschäftigt, mit dem Floß überzusetzen. Dammbach war auch dabei.

Der Kocher führte wenig Wasser, deshalb war die Strömung nicht stark. Trotzdem war es gar nicht einfach, das Floß vorwärtszubringen. Aber wir konnten uns Zeit lassen, es war ja nur ein Spiel. Die Müllersleute würden eben noch ein bisschen länger um Hilfe rufen müssen, bis sie von uns gerettet wurden. Der Rauch hatte sich mittlerweile wieder verzogen.

Am Anbau begann eine Gruppe mit Löschversuchen. Mit alten Ledereimern bildeten sie eine Wasserkette. Kein Wunder, dass in früheren Jahrhunderten halbe Städte abgebrannt waren. Das bisschen Wasser richtete gegen ein ordentliches Feuer nicht viel aus.

Die Müllersleute schrien Zeter und Mordio. Wir standen mittlerweile alle im Kocher. Das Wasser war nur knietief und eine herrliche Erfrischung. Ich schaute, dass ich in die Nähe von Dammbach kam.

Eine große Leiter wurde an die Dorfmühle gelegt, die ersten Bewohner kletterten herunter, die Sieder nahmen sie in Empfang und geleiteten sie zum Floß.

Dann war der Müller an der Reihe. Als er unten war, watete er hinüber zum Floß. Aus den Fenstern der Mühle drang immer noch viel Geschrei, die Eimerkette lief weiterhin. Keiner achtete darauf, wie sich Dammbach neben den Müller drängte und ihm den Arm um die Schultern legte. Der fürsorgliche Retter! Als sie beim Floß angelangt waren, stolperte der Müller und war verschwunden.

Im Trubel bekam das niemand mit. Die Mitwirkenden konzentrierten sich auf ihre Rollen, die Zuschauer hatten ihre Augen dort, wo es spannend war und wo es qualmte.

Aber ich hatte es gesehen. Dammbach drückte Halberg unter das Floß.

Ich war bei ihm und hieb ihm die Handkante in den Nacken. Laut Lehrbuch hätte er jetzt umfallen müssen. Aber das Lehrbuch hatte gelogen. Oder ich hatte nicht genügend Kraft. Oder ich hatte die falsche Stelle erwischt.

Immerhin fühlte er sich gestört und drehte sich zu mir um. Jetzt sollte ich ihm meine stahlharte Faust in den Bauch rammen, aber er stand immer noch gebückt, mit dem Rücken zu mir, und legte sein ganzes Gewicht auf Halberg. Der wehrte sich und strampelte, konnte sich aber nicht befreien. Keiner schien zu bemerken, was hier wirklich vor sich ging. Und wenn, hielt er es bestimmt für einen Teil der Show.

Ich gab Dammbach einen Tritt in den Hintern. Das brachte ihn aus dem Gleichgewicht. Mich auch. Beide plumpsten wir ins Wasser. Wenigstens hatte Dammbach den armen Halberg losgelassen. Prustend und nach Luft schnappend tauchte er auf.

»Was soll das, Wolfgang?«, keuchte er. »Willst du mich umbringen?«

»Genau das wollte er«, sagte ich.

»Du hast es verdient«, kreischte Dammbach. »Genau wie die anderen.«

Sein Gesicht war eine Grimasse.

»Dammbach ist der Mörder«, sagte ich.

Halberg starrte ihn mit offenem Mund an, ohne recht zu verstehen.

Dammbach griff nach einem der Holzstecken, die auf dem Floß lagen, holte weit aus und stürzte sich auf Halberg. Ich warf mich dazwischen. Er erwischte mich an der Stirn.

Ich musste einen kurzen Filmriss gehabt haben. Ich kam wieder zu mir, als Halberg mich aus dem Wasser zog.

Halberg war immer noch fassungslos. »Warum denn? Warum denn bloß?«

Dammbach spuckte Halberg geradezu ins Gesicht. »Für euch bin ich doch der letzte Dreck. Ihr habt mich alle nur ausgelacht. Nirgends wolltet ihr mich dabeihaben, überall habt ihr mich rausgeschmissen. Und du bist der Schlimmste von allen.«

Erneut wollte er auf Halberg losgehen. Ich packte ihn am Kragen und stieß ihm mein Knie in die Kniekehle. Das war auch nicht ganz so erfolgreich, wie ich mir das vorgestellt hatte, aber ich konnte Dammbach stoppen.

Unser Gerangel war nicht unbemerkt geblieben. Vielleicht war es auch nur die Unterbrechung im Spielablauf.

»Was ist los, Werner?«, rief einer herüber. »Habt ihr Probleme?«

»Alles in Ordnung!«, rief ich zurück. »Nur ein kleiner Unfall.«

Zu Halberg sagte ich: »Machen Sie weiter, als wäre nichts geschehen. Die Show muss weitergehen. Ich kümmere mich um Dammbach.«

Halberg stand starr da.

»Los jetzt, Halberg!«, drängte ich, »man wartet auf Ihren Einsatz.«

Halberg nickte und kletterte auf das Floß. Der gerettete Müller wurde zum Grasbödele gestakst.

Ich packte Dammbach am Arm und zog ihn mit mir. Widerstandslos ließ er es geschehen. Er machte keinerlei Versuch, sich mir zu entziehen. Es war, als sei alle Kraft plötzlich von ihm gewichen. Als sei seine Mission erfüllt.

Wir wateten am Grasbödele entlang bis zur Furt beim Sulferturm. Entlang der Insel gab es sonst keinen Aufstieg. Wasser lief mir übers Gesicht. Ich wischte es weg. Es war kein Wasser. Es war Blut.

Derweil war der Müller ans Mikrofon getreten. Ich hörte nicht auf seine Worte, aber ich wusste, was er sagte. Er bedankte sich für seine Rettung und versprach als Dank einen Kuchen, »solange diese Stadt steht«. Das Kuchen- und Brunnenfest der Salzsieder hatte damit seinen Ursprungsmythos zelebriert. Und diesmal hatte es sogar, was keiner der Zuschauer ahnte, eine echte Rettung gegeben, nicht nur eine nachgespielte.

Ich war plötzlich sehr müde. Es sah vielleicht so aus, als würde ich Dammbach wegführen. In Wahrheit stützte ich mich auf ihn.

»Warum hast du eigentlich Andrea ausgezogen?«, fragte ich. Wer mir ein Ruder auf den Schädel haut, den darf ich auch duzen.

»Ich wollte sie wenigstens einmal sehen.«

»Hast du sie angerührt?«

»Um Himmels willen, nein. Sie war etwas Kostbares.«

Und etwas so Kostbares bringt man um? Der hatte sie wirklich nicht mehr alle.

»Und warum hast du ihre Kleider zusammengelegt?«

»Habe ich das?«

Schon eigenartig, was inmitten so vieler Menschen geschehen kann, ohne dass jemand etwas bemerkt. Erst das Schäferstündchen zwischen Andrea und Freddy, dann der Mord, Dammbach zieht Andrea aus, legt ihre Kleider zusammen, schaut sie an, lange wahrscheinlich, und kein Mensch bekommt das mit.

Mein Kopf dröhnte, ich brachte das alles nicht auf die Reihe. Ich hatte noch viele Fragen an Dammbach, aber nicht die Kraft, sie zu stellen. Ich würde das alles später erfahren.

Als wir an der Furt angelangt waren, wollte ich wenigstens eines noch wissen.

»Hast du im Ernst geglaubt, du kommst ungeschoren davon? Als Erbe fällt der Verdacht doch automatisch auf dich.«

»Welches Erbe?«, fragte er teilnahmslos.

»Du beerbst doch Ronald Seiferheld.«

Er schaute mich an, als hätte er den Papst mit der Putzfrau erwischt.

»Ich beerbe Ronald?«

»Hast du das etwa nicht gewusst?«

Er ließ sich einfach auf den Hosenboden fallen und lachte und lachte. Schrill und irr.

»Ich bin Ronalds Erbe!«, schrie er ein ums andere Mal.

Ich kletterte ans Ufer. Dammbach war jetzt ein Fall für die Polizei. Und für den Psychiater.

Alle waren sie da, Keller und Berger, Karin und Tante Olga. Sogar Isabel.

»Und wer erbt jetzt?«, fragte diese fassungslos.

Das war mir in diesem Moment ziemlich gleichgültig.

»Das hast du großartig gemacht«, sagte Tante Olga.

»Ich hatte solche Angst um dich«, sagte Karin.

»Das hätte ins Auge gehen können«, sagte Keller.

»Ist es aber nicht. Dank meiner genialen Deduktionsgabe habe ich euch wieder mal die Arbeit abgenommen.«

»Sie sollten Privatdetektiv werden«, sagte Berger säuerlich.

»Ich werd's mir überlegen.«

Dann musste es irgendeine Art Erdbeben gegeben haben. Jedenfalls zog es mir die Füße weg, und ich fand mich auf dem Boden wieder. Das wurde allmählich zur Gewohnheit an diesem Wochenende. Sie brachten mich zu den Sanitätern.

An uns vorbei wurde der große Kuchen aufs Grasbödele

getragen, die Stiftung des Müllers. Der Magistrat würde jetzt noch mal das Fest genehmigen, die Sieder würden abermals tanzen, später würde man den Kuchen unter den Zuschauern verteilen, und alle hatten ein tolles Fest erlebt und waren fröhlich.

Mir war das alles egal. Mir war elend.

Der Sanitäter versorgte mich.

»Sie müssen ins Krankenhaus«, sagte er, »die Wunde muss genäht werden.«

Er wickelte mir einen provisorischen Verband um den Kopf. »Ich lasse dich hinfahren«, sagte Keller.

»Aber bitte mit Blaulicht. Dass wollte ich schon immer mal erleben.«

»Kleinen Jungs soll man ihre Träume erfüllen.«

»Ich komme mit«, bot Karin an.

»Kommt nicht infrage«, wehrte ich ab. »Schau dir das Fest zu Ende an und kümmer dich um Tante Olga.«

»Um mich braucht sich niemand zu kümmern«, widersprach Tante Olga. »Ich bin fitter als du.«

»Pass auf, dass sie nicht mit dem Haalhauptmann durchbrennt«, sagte ich zu Karin. »Sonst werde ich um mein Erbe betrogen.«

Ganz in der Nähe grollte der Donner. Es roch nach Ozon und nach Wasser in der Luft. Irgendwo tobte sich ein Gewitter aus und schob die feuchte Luft vor sich her. Bald würde es hier sein. Würde es den Siedern doch noch das Fest verhageln, nachdem sie es bisher so grandios überstanden hatten?

Der Polizeibeamte schaltete das Blaulicht tatsächlich ein. Er wollte mich so schnell wie möglich loswerden, ich versaute ihm den Streifenwagen mit dem Blut, das von meiner Stirn tropfte. Ich hatte immer noch die nassen Klamotten der Sieder an. Ich zitterte. Dabei war es noch immer brütend heiß.

Als sie mich zur Notaufnahme führten, fielen die ersten

Tropfen, dick und schwer. Ich hörte einen Donnerschlag. Oder war das nur in meinem Kopf?

Sie untersuchten mich, sie röntgten mich, sie gaben mir ein paar Spritzen, sie nähten mich. Das einzig Erfreuliche daran war die Krankenschwester. Das war die Frau meiner Träume. Jung, hübsch, blond.

»Wie geht es Ihnen?«, fragte der Arzt.

»Scheußliche Kopfschmerzen. Schwindelig.«

»Wir werden Sie über Nacht hierbehalten.«

»Nein!«

»Doch. Sie haben eine leichte Gehirnerschütterung.«

»Damit werde ich fertig. Ich habe eine Verabredung.«

»Mit Ihrem Bett. Schwester Jule wird Ihnen eine Spritze geben.«

Das Handy des Doktors klingelte. Er nahm ab, lauschte, lachte und eilte aus dem Zimmer. Unverschämt! Was gab es jetzt Wichtigeres als mich? Und was gab es da zu lachen?

Ich griff nach meinem Handy.

»Im Krankenhaus dürfen Sie damit nicht telefonieren«, sagte Schwester Jule freundlich, aber streng.

»Weshalb nicht?«

»Das könnte die medizinischen Geräte beeinträchtigen.«

»Und weshalb hat dann der Onkel Doktor telefoniert?«

Darauf wusste sie keine Antwort.

Ich wählte Karins Nummer.

»Sie wollen mich über Nacht hierbehalten.«

»Du Armer! Ist wenigstens die Krankenschwester hübsch?«

»Nein, sie ist ein Drachen. Sie will mich nicht mit dir telefonieren lassen.«

Die Schwester drohte mir mit der Spritze. »Das habe ich gehört. Dafür werde ich mich rächen.« Sie hob die Spritze, als wollte sie sie mir in den Arm rammen.

Sie tat es dann doch nicht. Sie war ganz lieb und vorsichtig.

»Darf ich Sie zum Abendessen einladen?«
»Nein.«
»Warum nicht?«
Sie schwieg. Auf die entscheidenden Fragen des Lebens wusste diese Frau einfach keine Antwort.
»Und jetzt entspannen Sie sich.«
»Helfen Sie mir dabei?«
Sie lachte. Ein perlendes Lachen. Engelsgleich. In eine solche Frau musste man sich einfach verlieben. Ich wollte sie nach ihrer Telefonnummer fragen. Aber ich kam nicht mehr dazu.
So macht man Männer mundtot.

Pfingstmontag

Als ich wieder erwachte, war es Morgen. Ich fühlte mich ausgeschlafen und topfit. Bis auf die weichen Knie beim Aufstehen. Mein Schädel brummte nur noch ganz leicht, was hielt mich noch hier?

Meine Kleider waren weg. Das war ein kleines Problem. Mit dem Krankenhaushemd, hinten offen, auf die Straße? Ich würde es mit Würde überstehen. Mein Hintern konnte sich sehen lassen.

Ich marschierte die Gänge entlang. Niemand achtete auf mich. Ich verließ das Krankenhaus. Irgendwo musste es ein Taxi geben.

Es waren erstaunlich viele Leute unterwegs zu dieser frühen Stunde. Alle starrten mich an, ein paar ungeniert, die meisten verstohlen. Niemand fiel in Ohnmacht. Keine junge Maid wurde verrückt wegen meines knackigen Hinterns.

Der Taxifahrer zeigte unverhohlenes Misstrauen.

»Alles in Ordnung, Chef«, beruhigte ich ihn. »Fahren Sie mich einfach nach Hause.«

»Und wo, bitteschön, haben Sie Ihren Geldbeutel?«

»Zu Hause.«

Ich ließ ihn direkt vor meiner Haustür halten. Und wo, bitteschön, hatte ich meinen Hausschlüssel? Hoffentlich hatte Tante Olga die Nacht nicht anderswo verbracht. Und hoffentlich war sie schon wach.

Ich klingelte Sturm. Tante Olga öffnete, sah mich an und lachte.

»Kommst du von einer Pyjama-Party?«

Ich erklärte ihr die Situation und drückte mich an ihr vorbei.

»Du hast einen knackigen Hintern, weißt du das?«, rief Tante Olga mir hinterher.

Bevor ich den Taxifahrer entlohnte, zog ich dann doch eine Hose über. Mein Hintern war jetzt genügend gewürdigt worden.

Ich gab ein großzügiges Trinkgeld.

Der Taxifahrer bedankte sich und meinte: »Nichts für ungut, aber hat Ihnen schon mal jemand gesagt, dass Sie einen ...«

Ich schlug schnell die Haustür zu.

Ich duschte mich, zog mich an, marschierte etwas wacklig die Gelbinger Gasse vor, stieg im »Goldenen Adler« die Treppe hoch und klopfte an Karins Tür.

Es dauerte eine Weile, bis sie öffnete. Sie sah goldig aus, verschlafen, mit verstrubbeltem Haar und einem ausgeleierten T-Shirt und sonst wenig.

Sie gähnte mich an.

»Du!«

»Wen hast du sonst erwartet?«

»Haben sie dich schon entlassen?«

»Sieht so aus.«

»Und weshalb weckst du mich so früh? Nachdem es heute Morgen ausnahmsweise ruhig ist in der Stadt?«

»Es ist schon neun Uhr. Ich habe Hunger. Lass uns frühstücken.«

»Wie geht's dir überhaupt?«

»Toll. Bestens. Ich habe nur einen kleinen Dachschaden.«

»Wenn weiter nichts ist.«

»Dummer Spruch: Unkraut vergeht nicht.«

»Dann werde ich mal duschen und mich anziehen.«

»Gute Idee.«

Ich setzte mich in den Sessel.

»Ich habe gesagt, dass ich mich anziehen will.«

»Ich schaue gerne zu.«

»Nein.«
»Früher hat dich das nicht gestört.«
»Aber jetzt. Raus!«
»Nein.«
»Ein Gentleman würde jetzt würdevoll das Zimmer verlassen.«
»Ich bin kein Gentleman.«
»Das habe ich schon immer geahnt.«
»Darf ich dir wenigstens den Rücken einseifen?«
»Nein.«
»Ich kann das gut.«
»Ich erinnere mich daran.«
»Ich bin Rekonvaleszent. Ich darf mich nicht aufregen, hat der Doktor gesagt.«
»Eben.«
Ich seufzte. »Na gut, bin ich eben doch ein Gentleman. Ich erwarte dich unten.«
Ich setzte mich auf die Terrasse. Das Gewitter hatte sich erst in der Nacht ausgetobt, hatte mir Tante Olga erzählt, ich hatte davon nichts mitgekriegt. Das Siedersfest war mit ein paar Tropfen davongekommen.
Es war eine herrliche Stimmung. Morgenkühl, die Luft gereinigt. Die Sonne brannte schon wieder, der Himmel war blitzblank, es war warm, aber noch nicht heiß, die Schwüle weg. Über der Stadt lag träger Feiertagsfrieden. Nur wenige Spaziergänger waren unterwegs.
Ich ließ meinen Blick über den Marktplatz schweifen. Links von mir der »Adelshof«, der auf das 13. Jahrhundert zurückgeht, heute Restaurant und Hotel; Kaiser Karl V. hatte hier schon übernachtet. Dann St. Michael mit der Freitreppe, die wuchtigen Fachwerkhäuser gegenüber, die bunten Barockbauten zu beiden Seiten des Rathauses.
So viel Vergangenheit. So viel Geschichte.
Es war viel geschehen an diesem Pfingstwochenende. Schönes und Schreckliches. Eine Stadt hatte sich erinnert

an ihre Vergangenheit. Ein Mensch hatte die Vergangenheit zu ernst genommen, weil er sich in ihr den Halt versprach, den er in der Gegenwart nicht gefunden hatte. Deswegen brummte mir der Schädel.

Karin schwebte heran. Sie hatte keine halbe Stunde gebraucht und sah so frisch aus wie der Morgen.

»Und was hast du so getrieben, während ich todkrank darniederlag?«

»Ich habe einen netten Abend mit Keller verbracht.«

»Auch die Nacht?«

»Und wenn? Was geht es dich an?«

»Ich habe die älteren Rechte.«

»Man soll Altes nicht aufwärmen. Lass die Vergangenheit ruhen. Wir hatten unsere Zeit. Und jetzt hast du Susan.«

Wir konzentrierten uns schweigend auf unseren Kaffee.

»Übrigens habe ich Keller angerufen«, meinte Karin beiläufig. »Er kommt auch vorbei.«

Ich sagte nichts.

»Das ist dir doch recht, oder?«

»Ist schon okay.«

Man soll Altes nicht aufwärmen.

Ich widmete mich konzentriert den Brötchen, der Wurst, dem Käse. Ich hatte einen Mordshunger. Ich hatte ja auch kein Abendessen gehabt.

Keller kam. Sie umarmten sich nicht. Sie wirkten auf seltsame Art distanziert und vertraut zugleich. Verlegen. Ein lockerer Spruch wäre jetzt gut gewesen, doch mir fiel keiner ein. Wie immer, wenn es drauf ankam.

Keller klopfte mir auf die Schulter. »Alles gut überstanden?«

»Geht so.«

Keller sah nicht so frisch aus wie Karin, aber besser als die letzten Tage. Fall geklärt, nur noch Routine und Bürokram.

»Habt ihr euch wenigstens noch den letzten Programmpunkt des Sonntags angeschaut? Musikalischer Abschluss auf dem Marktplatz mit den beiden Siedershöfen?«

»Ohne dich?«, fragte Karin.

»Du hast was versäumt. Das ist sehr beliebt bei den Hallern.«

»Wir wollten ihnen nicht die besten Plätze wegnehmen.«

»Sag bloß, du hast schon genug von den Siedern.«

»Als höflicher Mensch sage ich dazu nichts, sondern lächle nur geheimnisvoll.«

Und sie strahlte mich an. Komischerweise fiel mir jetzt erst auf, dass ihr Zahnarzt ein Vermögen an ihr verdient haben musste. Ich strahlte zurück, hielt meinen Mund aber besser geschlossen.

Wie wir so um die Wette strahlten, wurde Keller merklich unruhig.

»Wir waren zusammen essen«, sagte er. Als wollte er die Verhältnisse zurechtrücken.

»Aha. Musstest du nicht Dammbach verhören?«

»Das ging schnell.«

»Hat er geredet?«

»Wie ein Wasserfall. Allerdings etwas wirr.«

»Und?«

»Du hattest recht.«

»Habe ich doch immer.«

»In einem Satz: Er fühlte sich nicht anerkannt, nicht als richtiger Sieder, und wollte sich rächen.«

»Der tickt nicht richtig. Er war einfach ein unangenehmer Kerl, deshalb konnte ihn keiner leiden. Wahrscheinlich hat er auch Mundgeruch.«

»Hat er.«

»Aber deswegen wird man doch nicht zum Mörder.«

Die Bedienung brachte Kellers Frühstück. Er hatte einen gesunden Appetit. Wir ließen ihn erst einmal essen.

»Eigentlich könnten wir mit einem schönen Riesling feiern«, sagte ich.

»Das wird allmählich zu einer Gewohnheit bei dir, Wein zum Frühstück«, meinte Karin.

»Ich habe Nachholbedarf. Ich war im Krankenhaus gestern Abend. Da gab es keinen Wein zum Essen. Da gab es überhaupt nichts zu essen.«

»Dillinger, mir scheint, du hast ein Problem mit dem Alkohol.«

»Nein. Nur ohne.«

Keller schluckte den letzten Bissen hinunter und fuhr dann fort: »Dammbach hat ein ziemlich verkorkstes Leben hinter sich. Uneheliches Kind, Vater unbekannt, bei der Mutter hat es mit anderen Beziehungen nicht geklappt, bei ihm in der Schule und im Beruf nicht. Im Gymnasium gescheitert, mit Ach und Krach Realschule, zwei Lehren abgebrochen, die dritte hat er zwar überstanden, ist aber nicht übernommen worden. Er hat dann hie und da gejobbt, ist aber nie über die Probezeit hinausgekommen. Und die Pleiten mit seinen zwei Firmen kennst du ja.«

»Ich bin zu Tränen gerührt. Sicher, das ist keine schöne Biografie. Aber anderen geht's nicht unbedingt besser. Und die bleiben brave Bürger.«

»Seine Mutter ist vor zwei Jahren gestorben. Krebs. Ich habe den Eindruck, dass er darüber immer noch nicht hinweg ist. Vielleicht war es das, was ihm den endgültigen Knacks gegeben hat. Irgendwie muss er dann abgedriftet sein. Den Psychologen wird schon was Gescheites einfallen dazu.«

»Er ist ein Loser und sucht die Schuld dafür bei anderen.«

»Ist das nicht begreiflich?«, schaltete sich Karin ein. »Das machen wir doch alle so. Fehler einzugestehen fällt schwer. Und die eigenen Unzulänglichkeiten erst recht.«

»Aber nicht jeder reagiert so wie Dammbach«, wandte ich ein. »Immerhin hat er drei Menschenleben auf dem Gewissen. Fast vier, wenn ich mich nicht heldenmütig in den Kampf gestürzt hätte.«

»Willst du jetzt gelobt werden?«, fragte Keller.

»Ja.«

»Wahrscheinlich wirst du zum Ehrensieder ernannt.«

»So schlimm muss es ja auch nicht kommen.«

»Und beim nächsten Siedersfest marschierst du vorneweg«, grinste Karin. »Um das zu sehen, nehme ich sogar noch mal ein Wochenende wie dieses auf mich.«

»Ich denke, auch Dammbach hat davon geträumt, mit den Siedern durch die Stadt zu marschieren«, sagte Keller. »Irgendwann hat er sich darauf besonnen, dass er ja aus einer Siedersfamilie stammt. Die Sieder sollten so eine Art Kompensation sein für sein verpfuschtes Leben. Er wollte die Anerkennung, die ihm bislang versagt geblieben ist. Bei den Siedern und durch die Sieder. Schließlich ist man als Sieder wer in Hall, immer noch. Und so nebenbei hat er sich vom Netzwerk der Sieder auch berufliche Vorteile erhofft.«

»Und ist mit beidem böse auf die Schnauze gefallen«, meinte ich nachdenklich. »Nirgends konnte er landen. Er hat das darauf zurückgeführt, dass er zu den armen Siedern gehört. Dabei war es nur seine Art, die ihn unbeliebt gemacht hat. Aber warum hat er Freddy mit hineingezogen?«, überlegte ich.

»Er wollte von sich ablenken, ist doch klar«, sagte Karin.

»Zum einen ja«, erwiderte Keller. »Aber da steckt noch was anderes dahinter, glaube ich. Die Geschichte mit Ronald und Isabel, was immer da war, fügte sich perfekt in seinen Plan, und er hat das sofort erkannt. So konnte er sich auch an Freddy rächen – denn ausgerechnet dieser Kleinganove hatte was mit Andrea, was ihm verwehrt geblieben war.«

»Seiner verqueren Logik zufolge hätte eigentlich auch Freddy auf seiner Liste stehen müssen«, meinte ich.

»Die Logik gestörter Persönlichkeiten ist nicht immer nachvollziehbar.«

»Eines kapiere ich trotzdem noch nicht«, sagte ich. »Da war er so versessen darauf, ein guter Sieder zu sein, und hat gar nicht gewusst, dass er der Erbe von Ronald ist und sozusagen auf gleicher Augenhöhe mit ihm stand.«

»Dieser gemeinsame Vorfahre ist wohl irgendwann mal in Vergessenheit geraten und aus dem Familiengedächtnis verschwunden«, meinte Keller. »Dammbach hat Ronald nicht umgebracht, weil er ihn beerben wollte, sondern weil er all das war, was ihm versagt geblieben ist. Ronald hatte einen tadellosen Stammbaum, er wurde von allen hofiert, und er hatte Andrea.«

»Und weshalb hat er sich ausgerechnet das Kuchen- und Brunnenfest ausgesucht? Das war doch ein riskantes Spiel. Er musste damit rechnen, dass er auffliegt.«

»Ich glaube, mit gesundem Menschenverstand kann man das kaum nachvollziehen«, schaltete sich Karin ein. »Ich kenne solche Fälle. Einerseits wollte er entdeckt werden, sein letzter Versuch mit Halberg zeigt das ja deutlich. Andererseits hat er sich so geschickt angestellt, dass genau das nicht geschehen ist.«

»Er hat fest damit gerechnet, dass das Fest aufgrund der Morde abgesagt wird«, erklärte Keller. »Das Fest, an dem er nicht an prominenter Stelle teilnehmen durfte. Das wäre für ihn der totale Triumph gewesen.«

»Wenn es nach den ersten beiden Morden abgeblasen worden wäre, könnte Kelheimer noch leben.«

»Vielleicht. Aber das ist nicht sicher. Möglicherweise hätte er sich Kelheimer und Halberg bei anderer Gelegenheit vorgenommen.«

Eine Zeit lang schwiegen wir alle und suchten uns in diesem Geflecht von Motivationen, Fehleinschätzungen und Schuldzuweisungen zurechtzufinden. Es war aussichtslos.

»Doch einen Wein?«, fragte ich schließlich.
»Zu früh für mich«, sagte Keller.
»Ich muss noch fahren«, sagte Karin.
»Alleine macht es auch keinen Spaß.«
Tante Olga kam auf uns zu, den Strohhut auf dem Kopf und munter ihren Stockschirm schwenkend. Im Schlepptau hatte sie Kurt Feyerabend. Er plagte sich mit ihrem Rollkoffer ab.
Tantchen strahlte und umarmte uns der Reihe nach. Selbst Keller.
»Das war ein herrlich aufregendes Fest! Nächstes Jahr komme ich wieder!«
»Was willst du mit deinem Koffer hier?«
»Kurt fährt mich heim nach Stuttgart.«
Kurt nickte und lächelte. Allgemeine Verabschiedung. Tante Olga und ihr Verehrer gingen von dannen.
»Ich freue mich für sie«, sagte Karin. »Für sie hat sich dieses Fest gelohnt.«
»Für dich nicht?«, fragte ich.
»Was steht heute noch auf dem Programm?«, wollte sie wissen. Eindeutig eine Ablenkungsfrage.
»Elf Uhr dreißig Tanz des Kleinen Siedershofes auf dem Grasbödele, vierzehn Uhr dreißig Tanz des Großen Siedershofes dortselbst mit Musik und viel Geknalle. Kennst du eigentlich alles schon.«
»Ich glaube, dann werde ich mich mal verziehen.«
»Schweren Herzens natürlich.«
»Versteht sich.«
»Ich werde es verkraften.«
»Dann werde ich mal meine Sachen packen. Ich verabschiede mich schon mal von dir.«
Ich hatte den leisen Verdacht, dass ich hier nicht mehr erwünscht war. Umarmung, züchtige Küsschen.
Karin ging auf ihr Zimmer. Keller und ich blieben sitzen.
»Karin ist doch viel zu jung für dich«, sagte ich.

»Du meinst, *ich* bin zu alt.«
»Ich wollte höflich sein.«
»Gelingt dir selten.«
»Was hast du gelästert über Andrea und mich!«
»Es ist ja auch ein Unterschied, ob ...«
»Es ist immer ein Unterschied, oder?«
Keller lächelte.
»Soll ich dir mal ein paar intime Details aus dem Zusammenleben mit Karin erzählen?«, fragte ich.
»Nein.«
»Du wärst gewarnt.«
»Ich habe nicht die Absicht, mit Karin zusammenzuleben.«
»Was dann?«
»Was geht dich das an?«
»Wenn ich dir mal mit meinem reichhaltigen Erfahrungsschatz zur Seite stehen kann – immer zur Stelle!«
»Ach, Dillinger, rutsch mir den Buckel runter!«
Irgendwie hatte Keller sich verändert. Noch vor drei Tagen hätte er einen zwar hochliterarisch abgesegneten, dennoch groben Satz des Herrn Goethe zitiert.
Ich nickte ihm zu. »Man sieht sich.«
Dann schlenderte ich durch die Stadt. Es war ruhig. Die meisten Touristen waren wieder nach Hause gefahren, die Übriggebliebenen störten nicht weiter. Die Einheimischen hatten sich in ihren Häusern verkrochen oder waren hinaus an die Badeseen gefahren. Wenn sie zurückkamen, war das Fest vorbei, und es gab wieder Parkplätze.
Vom Grasbödele hörte man Trommeln und Pfeifen. Ich ging hinüber, lehnte mich an die Brüstung des Steinernen Stegs und schaute eine Weile zu, wie die kleinen Sieder sich im Kreis drehten, angestrengt darauf achtend, dass sie ihre Schrittfolgen einhielten.
Bestimmt waren unter ihnen viele Siedersnachkommen. Wie würden sie, wenn sie größer waren, die Tradition emp-

finden, in der sie aufwuchsen? Als etwas Lebendiges? Als etwas Verpflichtendes? Etwas Belastendes?

Ich holte mir eine Bratwurst vom Grill. Die reinste Selbstkasteiung. Aber wenn alle mich verlassen hatten! Hier stand ich nun, ich armer Tor, einsam und alleine. Ich setzte mich an einen der Tische unter den großen Bäumen und starrte missmutig auf meine Wurst. Die Wurst starrte vorwurfsvoll zurück.

»Da habe ich Mist gebaut, was?«, sagte jemand neben mir. Die Frau mit den wirren roten Haaren.

»Wegen Ronald?«

Isabel nickte.

»Dammbach kam dein Flirt mit Ronald gerade recht. Das hat ihm einen Grund gegeben, Andrea eifersüchtig zu machen. Sonst hätte er sich etwas anderes ausgedacht. Auch ohne dich wäre es so abgelaufen.«

»Lass mich mal beißen. Heute steht mir der Sinn nach solchen kulinarischen Hochgenüssen.«

»Ich bin ein Gentleman. Ich überlasse den Rest großzügig dir.«

»Deine Staatsanwältin ist eigentlich ganz nett.«

Sie war nicht »meine« Staatsanwältin. Nur hatte ich keine Lust, das zurechtzurücken.

»Aber mit uns war es doch auch schön, oder?« Isabel ließ den Rest des Würstchens ins Gras fallen. Irgendein Hund würde sich schon erbarmen.

»Ja.«

»Wir hatten viel Spaß miteinander.«

»Ja.«

»Manchmal war es auch anstrengend.«

»Ja.«

»Warum haben wir eigentlich Schluss gemacht?«

»Weil es zu anstrengend war?«

»Vielleicht.«

Isabel stand auf.

»Wie ist das jetzt eigentlich mit dem Erbe?«, fragte ich.
»Dammbach erbt nichts. Ein Mörder ist erbunwürdig, wie das so schön heißt.«
»Und wer ist dann an der Reihe?«
»Du wirst es nicht glauben.«
»Hilf mir auf die Sprünge, ich bin etwas langsam heute Morgen.«
»Schon vergessen, dass auch ich weitläufig mit ihm verwandt bin?«
»Soll das heißen …«
»Genau. Meine Großmutter.«
»Dann hast du ja, was du wolltest.«
Ich hatte ein triumphierendes Grinsen erwartet. Aber Isabel schaute sehr ernst. »So habe ich das nicht gewollt«, meinte sie.
»Tja«, erwiderte ich.
»Ich glaube, ich muss mal ein bisschen nachdenken über mich.«
»Schadet nie.«
Ich sah ihr nach. Kein Hüftschwung heute.
Aus der Stadt war der Große Siedershof zu hören, im Anmarsch aufs Grasbödele. Ich wollte ihm nicht begegnen und nahm einen Umweg.
Auf der Henkersbrücke stand der Lokalpoet und lächelte beglückt in den Kocher. Seine Ode an die Sieder war fertig. Und sie war gut geworden. Er hatte das Wochenende in schwer verdauliche Worte gefasst.

Zu Hause wartete eine aufgekratzte Susan auf mich und eine etwas dralle junge Frau, die mir als jene Busenfreundin vorgestellt wurde, mit der meine Herzallerliebste den Weiberurlaub am Gardasee verbracht hatte.
»Und? Wie war's in Sirmione?«
»Wieso Sirmione? Wir waren in Malcesine.«
Ach so.

Sie erzählten begeistert vom See und den Bergen und der Pasta und von irgendwelchen Giovannis und Paolos, von denen sie angebaggert worden waren, erfolglos natürlich.

»Und was war bei dir so los?«, fragte Susan schließlich.

»Och, nichts Aufregendes«, meinte ich.

Nachwort

Das Siedersfest lässt alljährlich zu Pfingsten die Geschichte und Traditionen der Haller Sieder wieder aufleben. Was auf den ersten Blick nur wie ein farbenprächtiges Spektakel aussehen mag, eröffnet faszinierende Einblicke in eine vergangene Zeit.

Salzsieden war kein Zuckerschlecken. In einer Haalwoche (einer Siedenswoche) wurden die Öfen montags um elf Uhr angeheizt und brannten ohne Unterlass bis Samstag neunzehn Uhr.

Die Sole, die man aus der Quelle schöpfte, wurde zunächst »gradiert«, das heißt angereichert. Dazu gab man »Gewöhrd« in die Sole, salzüberkrustetes und salzgetränktes Material. Der Salzgehalt wurde dadurch von fünf auf zwanzig Prozent erhöht.

Dann begann das eigentliche Sieden, ein langwieriger Prozess von langsamem und starkem Anheizen, Klären und Reinigen. Die Siedepfannen waren normiert und fassten zwanzig Eimer Sole zu je fünfzig Litern. Sechzehn Stunden dauerte ein Sud, die Sieder arbeiteten in Schichten von sechs Stunden.

Der Herd hielt das nur drei Wochen durch. Dann wurden die 260 Kilogramm schweren Pfannen mit Seilen angehoben, der Herd abgebrochen und neu gemauert. Der Abbruch diente wiederum als Gewöhrd zur Anreicherung der Sole. Die Ausbeute einer Haalwoche waren 96 Salzschilpen, getrocknete Salzplatten, zu jeweils dreißig Pfund. Gesiedet wurde nicht durchgehend, sondern je nach Absatzlage fünf bis zwanzig Wochen im Jahr.

Von 1739 an ging man zu rationelleren Methoden über.

In Gradierhäusern wurde die Sole über acht Meter hohe Schwarzdornwände geträufelt. Sonne und Wind ließen das Wasser verdunsten und erhöhten so die Salzkonzentration. Mit der gleichen Menge Brennholz konnte man nun die zweieinhalbfache Menge Salz erzeugen. Das muss eine eindrucksvolle Anlage gewesen sein. Die Gradierhäuser addierten sich zu einer Länge von eineinhalb Kilometern, mehr als fünf Kilometer lange Holzröhren verbanden Haalbrunnen, Gradier- und Siedehäuser.

Bis 1924 wurde in Hall Salz gesotten, zuletzt hunderttausend Zentner im Jahr. Dann wurde die Saline stillgelegt, die Sole wird heute nur noch im Solebad verwendet.

Wer hart arbeitet, möchte auch mal feiern. Ein Fest der Sieder ist ab 1570 nachgewiesen. Anlass war möglicherweise das »Suhlenfegen«. Die Salzquelle musste von Zeit zu Zeit gereinigt werden, eine beschwerliche und auch gefährliche Arbeit. Danach traf man sich zum Essen und Tanzen. Im Lauf der Zeit bildete sich ein bestimmter Ablauf des Festes heraus, der dann durch mehrere Festordnungen penibel geregelt wurde.

1802 wurde die Freie Reichsstadt Hall samt ihrer Saline württembergisch, der König kaufte den Siedern ihre Siedeanteile ab. 1827 wurde der »Siedensrentenvergleich« geschlossen, der den Siedersnachkommen eine immerwährende Rente zuerkannte. Diese Rente bekommen die Sieder noch heute und werden sie auch immer bekommen – ein rechtspolitisches Unikum, das bisher selbst den Sturmangriffen der EU-Bürokraten widerstanden hat.

Die Traditionen, die Siederstänze, das Siedersfest gerieten allmählich in Vergessenheit und wurden erst 1907 wiederbelebt. Zielgruppe: der Fremdenverkehr. Seit 1950 wird das Fest in seiner jetzigen Form gefeiert, angelehnt an die alte Festordnung von 1785. Erst 1973 übrigens hob der Siedershof das Ledigenprinzip und die Beschränkung auf die Siedersnachkommen auf.

Seitdem meint man eigentlich zwei verschiedene Gruppen, wenn man von den Siedern spricht. Zum einen sind da die Erbsieder, der exklusive Kreis von Nachkommen alter Siedersfamilien. Im Siedershof hingegen kann heute jeder mitmachen, der Spaß an der Musik und den Tänzen der Sieder hat.

Das heutige Kuchen- und Brunnenfest läuft ungefähr so ab, wie es in diesem Roman beschrieben ist. Der grundlegende Verlauf ist festgelegt. Jedes Jahr gibt es einige Änderungen und Neuerungen, und ich habe mir die Freiheit genommen, den Verlauf in unbedeutenden Punkten abzuändern, wo es dramaturgisch notwendig war. Auch sonst bin ich mit der Wirklichkeit bisweilen großzügig umgesprungen. (Ich weiß, dass in der »Sonne« der Wein nicht in Henkelgläsern serviert wird. Aber ich wollte diese Form des hiesigen Trinkgefäßes, die bei Reingeschmeckten öfter mal Verwunderung auslöst – danke, Jakob! –, unbedingt unterbringen.)

Alle handelnden Personen sind fiktiv. Allerdings gab es durchaus eine Familie Seif(f)erheld, die unter anderem einen berühmten Stättmeister (Bürgermeister) hervorbrachte; eine Straße in Schwäbisch Hall trägt seinen Namen.

Die Genealogien der Hauptfiguren sind eine Mischung verschiedener belegter Siedersfamilien. Mörike & Co. entstammen zum Beispiel in Wahrheit der Familie Seyboth.

Ganz real hingegen ist der Haalschreiber Dr. Peter Hubert, der mit viel Geduld meine Fragen beantwortet hat und auch half, einen Gordischen Knoten zu durchschlagen, und damit der Geschichte einen wunderbar neuen Aspekt hinzufügte. Was er in diesem Buch sagt, sind allerdings meine Worte. Sollten sich trotzdem noch historische Fehler finden, ist das allein meine Schuld.

Was der Lokalpoet im Verlauf des Romans zitiert, stammt übrigens aus Gedichten von Paul Verlaine, Georg Trakl und Friedrich Hölderlin.

Ich danke Gerhard Franzkowiak für erbrechtliche Auskünfte, Frieder Wieland für hohenlohische Redensarten, vielen für Informationen, Inspirationen und Tipps – und Maria für alles.

Die Geschichte der Sieder und des Siedens, die untrennbar mit der Geschichte der Freien Reichsstadt Hall verbunden ist, kann im Rahmen eines Romans natürlich nur sehr verkürzt und bisweilen plakativ dargestellt werden. Wer mehr darüber wissen will, dem seien folgende Bücher empfohlen, auf die auch ich mich gestützt habe:

Hall und das Salz. Beiträge zur hällischen Stadt- und Salinengeschichte. Hrsg. von Kuno Ulshöfer und Herta Beutter. Sigmaringen 1983.

Die Haller Sieder. Geschichte und Brauchtum des Großen Haller Siedershofes. Hrsg. von Dieter Kalinke. Schwäbisch Hall 1993.

Andreas Maisch und Daniel Stihler: Schwäbisch Hall. Geschichte einer Stadt. Künzelsau 2006.

Alexandra Kaiser und Jens Wietschorke: Kulturgeschichtliches Stadtlexikon Schwäbisch Hall. Künzelsau 2006.

Rudi Kost
Die Nadel im Heuhaufen
Ein Hohenlohe-Krimi. 192 Seiten.
Piper Taschenbuch

Als Bauer Huber in Hohenberg bei Schwäbisch Hall tot in seiner Scheune aufgefunden wird, scheint der Fall klar: ein Unglück. Doch Versicherungsvertreter Dieter Dillinger kann das nicht glauben. Kurz vor seinem Tod wollte der Bauer nämlich seine Lebensversicherung umschreiben lassen. Aber warum und auf wen? Bei seinen Nachforschungen merkt Dillinger, dass er in ein Wespennest gestochen hat. Welches Geheimnis umgibt die Bauernfamilie, in der es mit der ehelichen Treue offensichtlich keiner so genau genommen hat? Welche Rolle spielt der Bauunternehmer Deyhle, der nicht nur von Bauer Huber im großen Stil Ackerland aufgekauft hat? Spannend und rasant ist Rudi Kosts Kriminalroman um Ermittler Dieter Dillinger – eine Geschichte um Träume und unerfüllte Sehnsüchte, um dunkle Familiengeheimnisse und Dorfintrigen.

Katharina Gerwens, Herbert Schröger
Stille Post in Kleinöd
Ein Niederbayern-Krimi.
336 Seiten. Piper Taschenbuch

»Ja Bluatsakrament«, flucht Joseph Langrieger, als er in seiner Odelgrube einen Toten entdeckt. Das Ganze gibt der Polizei im niederbayerischen Kleinöd Rätsel auf. Ein Fall für die Kripo, entscheidet Polizeiobermeister Adolf Schmiedinger, und Kriminalkommissarin Franziska Hausmann muß in ihrem ersten Mord auf dem Land ermitteln. Dabei stellt sich bald heraus, daß der Täter aus Kleinöd stammen muß. Und tatsächlich lauern hinter der scheinbar tadellosen Fassade des hübschen Dorfes jede Menge dunkle Geheimnisse, zerrüttete Ehen, Betrug und Erpressung ...
Spannend und humorvoll beschreibt das Autorenduo Gerwens & Schröger eine nur auf den ersten Blick idyllische Welt.

Kirstin Warschau
Fördewasser
Ein Kiel-Krimi. 320 Seiten.
Piper Taschenbuch

An einer Staumauer bei Kiel wird die Leiche eines Mannes gefunden. Kommissarin Olga Island, soeben aus Berlin versetzt, übernimmt die Ermittlungen. Der Tote war hoch verschuldet und betrieb einen regen Handel mit Schiffsschrott. Als in der Kieler Förde eine weitere Wasserleiche entdeckt wird, sprechen die Medien von einem Serienkiller. Die Jagd nach dem Täter führt Olga Island in entlegene Winkel der Landeshauptstadt und ihrer ländlichen Umgebung. Dabei hat sie nicht nur mit den Vorurteilen ihrer Kollegen zu kämpfen, sondern auch mit einem gefährlichen Mörder, der vor weiteren Taten nicht zurückschreckt …

Stefan Holtkötter
Das Geheimnis von Vennhues
Ein Münsterland-Krimi.
272 Seiten. Piper Taschenbuch

Über zwanzig Jahre ist es her, dass im Vennhueser Moor im Münsterland ein grausamer Mord geschah. Der Hauptverdächtige Peter Bodenstein wurde seinerzeit aus Mangel an Beweisen freigesprochen. Nun ist er ins Dorf zurückgekehrt, um seine Unschuld zu beweisen. Doch wenig später wird wieder ein toter Junge im Moor gefunden. Erneut weisen alle Spuren auf Bodenstein. In Vennhues erhält Hauptkommissar Hambrock aus Münster kaum Unterstützung, und das, obwohl er selbst aus dem Dorf stammt. Es scheint ein Geheimnis zu geben, von dem er ausgeschlossen ist. Und wenn er die Wahrheit über Bodenstein herausfinden will, gibt es für ihn nur einen Weg – ins Moor …

PIPER